广东省高校院所"十三五"科技成果转化研究报告

主　编：邓　媚

副主编：王梦婷　赖　婷　刘超杰

参　编：刘文兵　罗春兰　吴幸雷　陈　敏　邬亚男
　　　　王　田　甘月丽　洪婉纯　习紫依　吴梦圈

电子工业出版社

Publishing House of Electronics Industry

北京·BEIJING

内 容 简 介

我国自2017年起正式建立科技成果转化年度报告制度，为研究全国及各省高校院所科技成果转化的整体情况开辟了更全面的数据统计来源。本书主要利用2016—2020年纳入广东省及国家统计范围的高校院所科技成果转化情况数据，对"十三五"期间广东省高校院所科技成果转化的总体规模、转化方式、定价方式、转化流向、收入分配、机构建设等多个维度进行统计分析，并就统计结果开展高等院校与科研院所之间，广东与全国及其他各省份之间的对比研究；同时针对性地提出对策建议，为政府部门、社会各方准确研判广东省高校院所科技成果转化的进展情况，以及推进相关工作提供有效支撑。

本书在统计方法上的创新点是以年度存续单位作为各统计维度多年横向对比的对象范围，最大限度地保证了统计结果的准确性、客观性和可比性，真实、科学地反映了广东省高校院所"十三五"期间科技成果转化工作的发展趋势。

未经许可，不得以任何方式复制或抄袭本书之部分或全部内容。

版权所有，侵权必究。

图书在版编目（CIP）数据

广东省高校院所"十三五"科技成果转化研究报告 / 邓媚主编. —北京：电子工业出版社，2023.10
ISBN 978-7-121-46462-1

Ⅰ.①广… Ⅱ.①邓… Ⅲ.①高等学校－科技成果－成果转化－研究报告－广东 Ⅳ.①G644

中国国家版本馆CIP数据核字（2023）第190204号

责任编辑：李　敏
印　　刷：天津画中画印刷有限公司
装　　订：天津画中画印刷有限公司
出版发行：电子工业出版社
　　　　　北京市海淀区万寿路173信箱　邮编：100036
开　　本：787×1 092　1/16　印张：10.75　字数：216千字
版　　次：2023年10月第1版
印　　次：2023年10月第1次印刷
定　　价：99.00元

凡所购买电子工业出版社图书有缺损问题，请向购买书店调换。若书店售缺，请与本社发行部联系，联系及邮购电话：（010）88254888，88258888。

质量投诉请发邮件至zlts@phei.com.cn，盗版侵权举报请发邮件至dbqq@phei.com.cn。

本书咨询和投稿联系方式：limin@phei.com.cn 或（010）88254753。

前　言

　　科技成果转移转化作为创新链中不可或缺的重要支撑，是科学技术转化为现实生产力的必经途径，是加强科技与经济紧密结合的关键环节，对深化供给侧结构性改革、提升创新综合效能具有重要作用。中共中央、国务院高度重视科技成果转化工作，习近平总书记多次批示并指出，"广大科技工作者要把论文写在祖国的大地上，把科技成果应用在实现现代化的伟大事业中"[①]，"科技成果只有同国家需要、人民要求、市场需求相结合，完成科学研究、实验开发、推广应用的三级跳，才能真正实现创新价值、实现创新驱动发展"[②]，"要疏通应用基础研究和产业化连接的快车道，促进创新链和产业链精准对接，加快科研成果从样品到产品再到商品的转化"[③]。李克强总理强调，"深化科技体制改革要加强制度创新，解决科技人员反映的'破而不立''政策空窗期'等问题，把科研人员的创造性更好激发出来，加快有创新力的科研成果产业化、商业化，转化为现实生产力"[④]。国家领导的系列讲话，深刻地阐明了科技成果转化工作的重要性，也为科技成果转化工作指明了方向，明确了任务，提出了要求。

　　当今世界正经历百年未有之大变局，我国发展面临的国内外环境正发生深刻复杂变化，国家现在比以往任何时候都需要科技创新提供强大的后盾。建设

---

① 2016年5月30日，习近平总书记在全国科技创新大会、两院院士大会、中国科协第九次全国代表大会上的讲话。
② 2014年6月9日，习近平总书记在中国科学院第十七次院士大会、中国工程院第十二次院士大会上的讲话。
③ 2018年5月28日，习近平总书记在中国科学院第十九次院士大会、中国工程院第十四次院士大会上的讲话。
④ 2020年9月21日至22日，李克强总理在考察上海交通大学时的讲话。

现代化经济体系，推动质量变革、效益变革、动力变革，需要强大的科技支撑。我国社会主要矛盾已经转化为人民日益增长的美好生活需要和不平衡、不充分的发展之间的矛盾，为满足人民对美好生活的向往，必须推动产生更多可惠及民生的科技创新成果，推动形成以国内大循环为主体、国内国际双循环相互促进的新发展格局，需要提高供给体系质量和水平，以新供给创造新需求，保产业链、供应链安全稳定，加速科技成果转化为现实生产力是关键。

高等院校和科研院所在国家创新体系中一直发挥着创新源头的作用，在科技成果转化链条中是重要的成果供给方，是科技成果转化工作中的关键。激发高等院校和科研院所的科技成果转化活力，扩大高质量科技成果有效供给，促进职务科技成果转移转化，是加快创新驱动发展、壮大培育新动能、助推经济高质量发展的重要举措。只有切实研究掌握高等院校和科研院所科技成果转化的实际情况，准确研判存在的问题及突破点，政府及相关创新主体方能有效破除科技成果转化的体制、机制障碍，构建高效的科技成果转化生态体系，催生高质量的重大科技成果，更好地面向经济主战场，更好地服务国家重大战略需求，更好地支撑经济高质量发展。根据《中华人民共和国促进科技成果转化法》《实施〈中华人民共和国促进科技成果转化法〉若干规定》，国家设立的研究开发机构[①]、高等院校，有科技成果转化活动的，均要报送上一年度的科技成果转化年度报告。2017年，财政部、科技部建立了科技成果转化年度报告制度，自此，我国政府部门对全国高等院校和科研院所的科技成果转化情况开展了系统性的统计分析。根据科技部和财政部对此专项工作的统一部署，广东省自2017年起亦开展了对本省辖区内高等院校和科研院所科技成果转化情况的年度统计分析工作，截至目前，已系统性地掌握2016—2020年5年间广东省高等院校和科研院所科技成果转化的相关定量与定性数据，这也是本报告研究对象的主要统计资料。

党的十八大以来，广东省坚定不移地把创新驱动发展战略作为经济社会发

---

① 本报告中的"科研院所"指《中华人民共和国促进科技成果转化法》中的"研究开发机构"，涉及法律、法规原文时，仍用"研究开发机构"，其他均使用"科研院所"，目的是与国家报告中的名词保持一致。

展的核心战略和经济结构调整的总抓手,围绕国家科技产业创新中心的核心定位,牢牢把握科技成果转化这一关键环节,加快形成以创新为主要引领和支撑的经济体系与发展模式。自2017年起,广东省区域创新能力评价连续4年居全国首位,科技创新对经济社会发展的支撑和引领作用日益增强。近年来,广东省进一步依托科技创新的基础优势,着力构建更加开放、高效的科技成果转化生态体系,不断完善支撑政策,优化发展环境,深化国际合作,汇聚全球科技创新资源,探索具有广东特色的科技成果转化机制和模式,推动重大创新成果转移转化,广东省科技成果转移转化能力和水平取得了新提升、新成效。2020年,广东省技术合同成交额达3465.92亿元,同比增长52.50%,连续3年居全国第2位,仅次于北京[①];同年,广东省辖区内高等院校和科研院所以转让、许可、作价投资和技术开发、咨询、服务方式转化科技成果的合同金额为86.24亿元,居全国第4位[②]。

成绩面前,我们也清醒地看到广东省科技成果转移转化还存在不少亟待解决的问题。一是科技成果与市场需求"脱节"的现象依然存在,以需求为导向的科技成果转移转化机制尚未完善,创新链、产业链、价值链尚未完全打通。二是高价值科技成果供给不足,重大原创性科技成果和关键核心技术攻关成果比较缺乏,具有转化价值的科技成果比例不高。特别是高校院所[③]积压了大量"沉睡"的专利,成果转移转化效能不佳。三是科技成果考核评价机制不够合理,激励作用发挥不充分。四是科技成果转移转化服务市场专业化、市场化、规模化程度不高,相关服务平台、中介机构、中试基地数量偏少,专业的技术转移机构和技术经理人比较缺乏等。

要解决这些难点、痛点问题,无一不需要从广东省的高校院所进行破题,而唯有准确把握广东省高校院所科技成果转移转化的现实情况,高校院所自

---

① 数据来源于全国技术合同认定登记系统。
② 数据来源于《中国科技成果转化年度报告 2021(高等院校与科研院所篇)》。限于系统统计权限,本研究报告只包含部分央属驻粤单位,所以 2020 年广东省辖区内高校院所的科技成果转化总额为 77.87 亿元,低于《中国科技成果转化年度报告2021(高等院校与科研院所篇)》中统计的86.24亿元。
③ 出于行文的简洁性,本报告中的"高校院所"皆指"高等院校和科研院所"。

身、政府管理部门及社会各方才能以此为依据，有效寻求科学解决问题的现实路径。本报告的编写与发布，旨在对"十三五"期间广东省高校院所科技成果转移转化的进展成效和存在问题进行系统分析，为政府部门和社会各方提供决策参考，进一步调动全社会参与科技成果转移转化的积极性、主动性，加速科技成果转移转化，持续激发创新创造活力和产业发展内生动力，有力支撑广东省在"十四五"期间建设更高水平的科技创新强省，建设具有全球影响力的科技和产业创新高地。

编委会

2022 年 10 月

目 录

绪 论 ·· 1

第1章 总体情况 ··· 4

　1.1 总体规模 ·· 5

　　1.1.1 转化收入排名 ··· 6

　　1.1.2 大额合同情况 ··· 7

　　专栏：全国横向对比情况 ··· 9

　　1.1.3 高等院校和科研院所对比情况 ·· 9

　　专栏：全国横向对比情况 ··· 11

　1.2 不同转化方式对比情况 ·· 12

　　1.2.1 产学研合作与转让、许可、作价投资对比情况 ································· 12

　　1.2.2 以转让、许可、作价投资方式转化科技成果对比情况 ······················ 14

　　专栏：全国横向对比情况 ··· 15

　　1.2.3 高等院校和科研院所对比情况 ·· 16

　　专栏：全国横向对比情况 ··· 19

第2章 转让方式情况 ·· 22

　2.1 总体规模 ·· 23

　　专栏：全国横向对比情况 ··· 24

　2.2 高等院校和科研院所对比情况 ··· 25

　　专栏：典型案例 ··· 27

第 3 章 许可方式情况 ·· 32

3.1 总体规模 ··· 33
专栏：全国横向对比情况 ·································· 34
3.2 高等院校和科研院所对比情况 ······················ 34
专栏：典型案例 ·· 37

第 4 章 作价投资方式情况 ··· 40

4.1 总体规模 ··· 41
4.2 高等院校和科研院所对比情况 ······················ 42
专栏：典型案例 ·· 44

第 5 章 产学研方式情况 ··· 49

5.1 总体规模 ··· 50
专栏：全国横向对比情况 ·································· 51
5.2 高等院校和科研院所对比情况 ······················ 52
专栏：全国横向对比情况 ·································· 54
专栏：典型案例 ·· 55

第 6 章 科技成果转化定价方式情况 ·························· 60

6.1 总体情况 ··· 61
6.2 高等院校和科研院所对比情况 ······················ 62
专栏：典型案例 ·· 64

第 7 章 科技成果转化流向情况 ································· 65

7.1 科技成果转化境内外情况 ······························ 66
7.2 科技成果转化流向企业情况 ·························· 67
7.3 科技成果转化省内外情况 ······························ 68
7.4 科技成果转化省内各地区情况 ······················ 69

7.5 科技成果转化应用的行业领域情况 ·············· 72

第8章 财政资助项目科研成果转化情况 ·············· 73

8.1 全国财政资助项目科研成果转化情况 ·············· 74
8.2 中央财政资助项目科研成果转化情况 ·············· 76

第9章 科技成果转化收入分配及奖励情况 ·············· 78

9.1 总体情况 ·············· 79
9.1.1 现金、股权两种奖励方式对比情况 ·············· 79
9.1.2 奖励人次情况 ·············· 81
9.2 高等院校和科研院所对比情况 ·············· 82
专栏：典型案例 ·············· 83

第10章 兼职创业和创设参股新公司情况 ·············· 86

10.1 兼职创业和离岗创业情况 ·············· 87
10.2 创设和参股新公司情况 ·············· 87
专栏：典型案例 ·············· 88

第11章 技术转移机构建设情况 ·············· 93

11.1 技术转移机构情况 ·············· 94
专栏：典型案例 ·············· 95
11.2 技术转移人员情况 ·············· 97
11.3 与企业共建平台情况 ·············· 98
专栏：典型案例 ·············· 99
11.4 满意度调查报告情况 ·············· 101

第12章 工作案例 ·············· 105

12.1 华南理工大学 ·············· 106
12.2 广东工业大学 ·············· 110

12.3　华南农业大学 …………………………………………………………… 115
　　12.4　南方科技大学 …………………………………………………………… 118
　　12.5　广东省科学院 …………………………………………………………… 122
　　12.6　广东省农业科学院 ……………………………………………………… 124
　　12.7　清华珠三角研究院 ……………………………………………………… 126

第13章　问题分析与建议 ………………………………………………………… 129
　　13.1　广东省高校院所科技成果输出对比能力分析 ………………………… 130
　　　　13.1.1　广东省高校院所作为技术输出方的占比 …………………… 130
　　　　13.1.2　广东省高校院所与企业技术输出能力比较 ………………… 131
　　　　13.1.3　广东省高校院所与全国高校院所技术输出能力比较 ……… 131
　　13.2　高价值科技成果产生及转化的有效路径分析 ………………………… 132
　　　　13.2.1　高质量的科技成果供给源于扎实的基础研究能力 ………… 133
　　　　13.2.2　中间环节的工程化研发完成从基础研究到应用开发
　　　　　　　　的"惊险一跃" ……………………………………………… 134
　　　　13.2.3　长期的产学研合作是成果供需双方建立互信的基础，
　　　　　　　　是达成有效转化的关键 …………………………………… 135
　　　　13.2.4　直击行业痛点和市场需求，能加快实现技术成果
　　　　　　　　的产品化及市场化 ………………………………………… 136
　　　　13.2.5　政府的支持与服务可有力促进科技成果的推广应用 ……… 137
　　　　13.2.6　充分全面的专利布局能提升科技成果的转化价值 ………… 137
　　　　13.2.7　具体建议 ………………………………………………… 138
　　13.3　建立面向转化的科技成果培育管理导向机制和服务体系 …………… 139
　　　　13.3.1　建立以科技成果转化为导向的绩效评价机制 ……………… 139
　　　　13.3.2　完善以市场应用为导向的科技成果评价机制 ……………… 140
　　　　13.3.3　构建全流程、专业化、精细化的管理服务体系 …………… 140
　　　　13.3.4　以专业教育为根本培养技术转移人才 …………………… 141

    13.3.5　以专业机构建设为途径提升服务能效 ································· 142

 13.4　以赋权和单列管理改革的叠加效应释放科研人员与管理人员科技成果
 　　　转化积极性 ··· 142

　　 13.4.1　以赋权改革解决科研人员"不愿转"的问题 ····················· 142

　　 13.4.2　以单列管理改革解决管理人员"不敢转"的问题 ············· 143

　　 13.4.3　建立尽职免责机制为赋权和单列管理改革保驾护航 ········· 144

 13.5　建立统一开放、高效优质的技术要素市场体系 ························ 144

　　 13.5.1　促进技术要素与资本要素融合发展 ································· 144

　　 13.5.2　加强跨境科技创新合作 ·· 145

附表 A　2016 年度广东省高校院所科技成果转化基本情况数据信息表 ········· 146

附表 B　2017 年度广东省高校院所科技成果转化基本情况数据信息表 ········· 149

附表 C　2018 年度广东省高校院所科技成果转化基本情况数据信息表 ········· 152

附表 D　2019 年度广东省高校院所科技成果转化基本情况数据信息表 ········· 155

附表 E　2020 年度广东省高校院所科技成果转化基本情况数据信息表 ········· 158

绪　　论

我国自 2017 年起正式建立科技成果转化年度报告制度，为研究全国（未含港澳台地区）及各省（自治区、直辖市）的高校院所科技成果转化的整体情况开辟了更为全面的数据统计来源。基于全国统一的年度报告统计数据报送机制，全国各高校院所均采用同一套数据填报系统，所有类别数据的统计口径一致，数据同源具有可比较性，这为从年度纵向和区域横向间比较研究各省（自治区、直辖市）高校院所科技成果转化情况提供了必要的基础条件。在广东省科学技术厅的指导下，广东省生产力促进中心组织了研究力量，主要利用 2016—2020 年度[①]纳入广东省及国家[②]统计范围的高校院所科技成果转化情况数据，对"十三五"期间广东省高校院所科技成果转化的进展成效、存在问题等开展系统研究，同时有针对性地提出对策建议，为政府部门、社会各方准确研判广东省高校院所科技成果转化的进展情况，以及推进相关工作提供有效支撑，此为出版本报告的缘起和目的。

基于年度报告主体的统计范围，本报告的研究对象为广东省辖区内有科技成果转化活动的、取得事业单位法人资格的研究开发机构和公办普通高等院校。由于每年度的填报单位都有增删，所以纳入本报告研究对象范围的年度单位绝对数并不相同，且差距较大，即：2016 年为 96 家，2017 年为 169 家，2018 年为 139 家，2019 年为 190 家，2020 年为 228 家。在开展相关统计维度[③]的年度横向对比分析时，为确保统计结果的科学性，本报告只针对同时填报了各年度报告的单位开展研究。具体为，高校院所 2020 年同比数据的统计范围是同时填报了 2020 年和 2019 年报告的 174 家单位，其中，高等院校 75 家，科研院所 99 家；5 年纵向对比数据的统计范围是同时参与了 2016—2020 年 5 年报告的 74

[①] 每年度的统计工作都是对上年度的科技成果转化数据进行汇总分析，所以 2017 年报告的统计范围就是 2016 年的科技成果转化数据。

[②] 本报告中广东省高校院所的统计数据均来自"全国高校院所科技成果转化报告填报系统"，全国数据来源于《中国科技成果转化年度报告 2021（高等院校与科研院所篇）》。

[③] 主要为涉及年度"总值"的数据对比分析，确保总值源自相关年度的相同范围的单位，涉及年度单位"平均值"的数据对比分析，则基于各年度所有单位进行计算。

家单位，其中，高等院校 34 家，科研院所 40 家[①]。174 家 2 年存续单位分别占 2019 年和 2020 年单位绝对数的 91.58%和 76.32%，但其当年实现的转化合同金额分别占 2019 年转化合同总额的 99.19%和 2020 年转化合同总额的 97.44%；74 家 5 年存续单位占比 5 个年度的单位绝对数更低，2016 年为 77.08%，2017 年为 43.79%，2018 年为 53.24%，2019 年为 38.95%，2020 年为 32.46%，但其在各年度贡献了该年度科技成果转化合同总额的 80%以上，2016 年 97.18%，2017 年为 90.12%，2018 年为 93.44%，2019 年为 91.06%，2020 年为 87.93%；同时，5 个年度科技成果转化合同金额排名前 10 位的单位都源自这 74 家单位，表明这 74 家单位涵盖了广东省科技成果转化的所有头部单位，其综合科技成果转化能效可集中反映各年度广东省的基本情况和发展趋势。所以，选取 174 家 2 年存续单位和 74 家 5 年存续单位作为 2 年同比数据和 5 年纵向对比数据的统计对象，是基于统计样本的实际情况及条件，兼顾了统计方法的科学性和数据客观需求的合理性，最大限度地保证了统计结果的准确性，这也是本报告在统计方法上区别于国家报告之处。所以，本报告行文基本以 2020 年为报告年展开分析论述，正文主要体现 2020 年相关统计维度的同比发展情况和"十三五"期间的 5 年纵向对比发展情况，使用的是相应年度存续单位的统计数据，而每年度当年所有填报单位涉及的各维度统计数据则在附录的年度数据表单中呈现，读者可对应查询。此外，报告中涉及全国横向排名比较的数据均来源于国家公开的年度报告，统计范围不包括广东省辖区内的央属高校院所及深圳市高校院所（深圳作为单列市另外统计），而本报告统计范围则囊括广东省辖区内的省属高校院所，包括深圳市的高校院所，以及部分央属驻粤单位[②]。同时，由于国家各年度报告与本报告的出版时间相隔较远，存在数据更新无法同步的问题，所以本报告的相关数据与国家年度报告的公开数据存在差异，而相关排名情况仅以专栏形式供读者延伸比较。

报告共分为 13 章，前 11 章主要开展数据统计研究，主要反映广东省高校院所"十三五"期间科技成果转化的总体情况、转让方式情况、许可方式情况、作价投资方式情况、产学研方式情况、科技成果转化定价方式情况、科技成果转化流向情况、财政资助项目科研成果转化情况、科研成果转化收入分配及奖励情况、兼职创业和创设参股新公司情况及技术转移机构建设情况；第 12 章为工作案例，主要反映相关单位推进科技成果转化的独特经验及做法；第 13 章为问题分析与建议，主要是对前 11 章数据统计研究结果反映的问

---

① 高等院校 5 年纵向对比数据的统计范围是同时参与了 2016—2020 年 5 年报告的 34 家单位；科研院所 5 年纵向对比数据的统计范围是同时参与了 2016—2020 年 5 年报告的 40 家单位。

② 包括中山大学、华南理工大学、暨南大学和中国科学院广州分院在粤院属单位，其他部委驻粤单位暂未纳入。

题进一步凝练，并提出针对性的对策建议。

5年来科技成果转化年度报告工作不断推进，填报内容和指标不断完善，综合研究分析方法也不断改进优化，科技成果对经济社会的贡献和影响得以更全面、清晰地梳理和总结。但在此过程之中，由于填报单位所属管理系统的分隔，数据信息没有完全打通，本报告在数据收集方面难免存在疏漏；同时由于填报人对指标的认识和理解存在一定差异，个别数据的准确性会受到影响，错漏之处欢迎读者批评指正，此亦为今后研究致力提升完善之处。

本报告以反映客观数据为主，同时呈现了填报单位、相关业务主管单位及编写组等各方对科技成果转化工作的认知和建议，但要完全准确、全面、客观地掌握广东省高校院所科技成果转化的现状问题，并寻找到突破难点、堵点的方法路径，还需社会各界一起深入研究、共同努力。报告中的每一个数字背后都有着科研人员孜孜以求的身影、企业家对自主创新的坚持，更有管理人员、从业人员对开创广东省高校院所科技成果转化新局面的执着追求，笔者谨以此报告与大家共勉！

报告撰写过程中得到了社会各界的大力支持，在此特别对陈金德、陈志祥、李政访、王厚华、斯恒、赵阳、裴启银、招富刚、黄嫣然、袁传思、刘毅新等领导和老师的不吝指教表示衷心的感谢！

第 1 章 总 体 情 况

科技成果转化，是指为提高生产力水平而对科技成果所进行的后续试验、开发、应用、推广直至形成新技术、新工艺、新材料、新产品，发展新产业等活动。实现科技成果转化的主要方式包括转让、许可、作价投资及产学研合作。本章通过研究科技成果转化收入排名情况、大额合同情况、高校院所对比情况、不同转化方式对比情况等，系统性、全方位、多维度对广东省科技成果转化活动进行深入分析。

1.1 总体规模

本报告以 2020 年为报告年展开对整个"十三五"期间广东省高校院所科技成果转化的具体情况进行分析。2020 年是"十三五"规划的收官之年，但也是新冠疫情在全国肆虐的第一年，广东省的社会经济发展受到了很大冲击，高校院所和企业的创新活动也受到了很大影响。2020 年，广东省高校院所以转让、许可、作价投资和产学研合作（技术开发、咨询、服务）方式（以下统称"所有转化方式"）转化科技成果的合同项数为 132545 项，同比增长 4.49%，但收入总额为 77.88 亿元，同比下降 7.79%[①]；平均合同金额为 5.88 万元，同比下降 11.75%。

综观整个"十三五"期间，广东省高校院所科技成果转化收入总额 2016—2019 年一直呈平稳上升趋势，每年增幅都超过 20%，2020 年受疫情影响有所回落，下跌约 9%（见图 1-1）；合同项数（见图 1-2）和平均合同金额（见图 1-3）波动比较大[②]，主要是个别科研院所当年将大量小额技术服务合同[③]纳入统计。

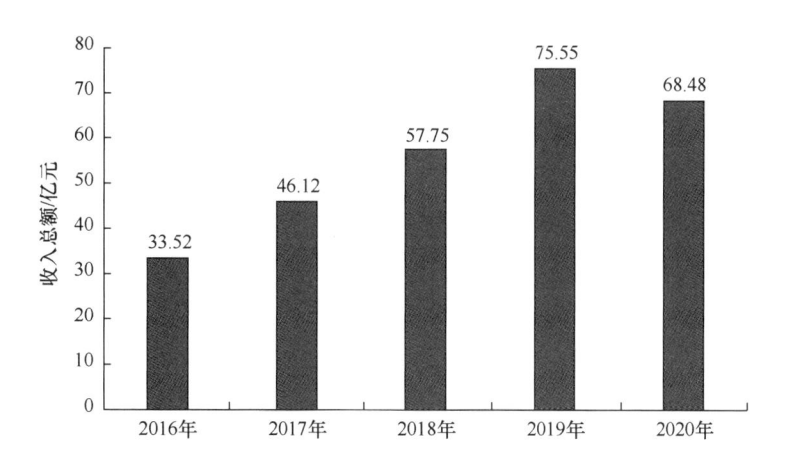

图 1-1 "十三五"期间广东省高校院所年度科技成果转化收入总额

---

① 2020 年同比数据为同时填报了 2020 年和 2019 年报告的 174 家单位的数据，如前文所述，全书余同；文内所有涉及金额及比率的数值均以四舍五入方式对实际值进行计数保留，保留到小数点后两位，部分加总数值会因此出现不同统计维度间的偏差，特此说明。
② "十三五"期间数据是 5 年纵向对比数据，为同时填报了 2016—2020 年 5 年报告的 74 家单位的数据，如前文所述，全书余同。
③ 主要为检测类等小额技术服务合同，属于产学研合作范畴。

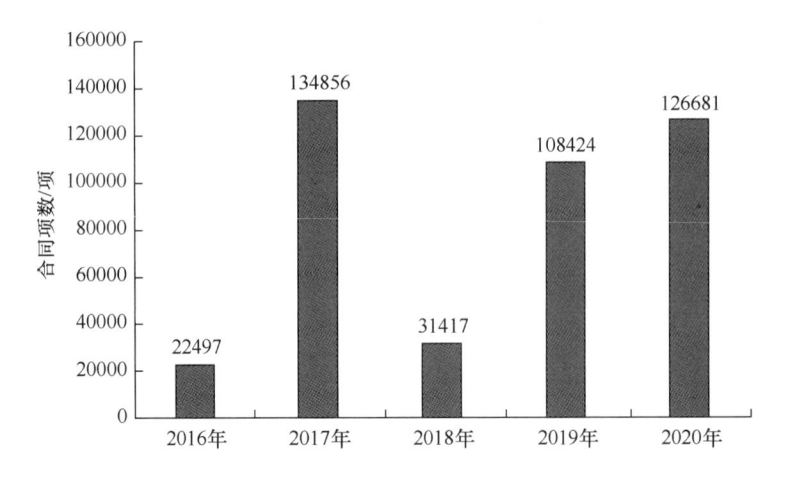

图 1-2 "十三五"期间广东省高校院所年度科技成果转化合同项数

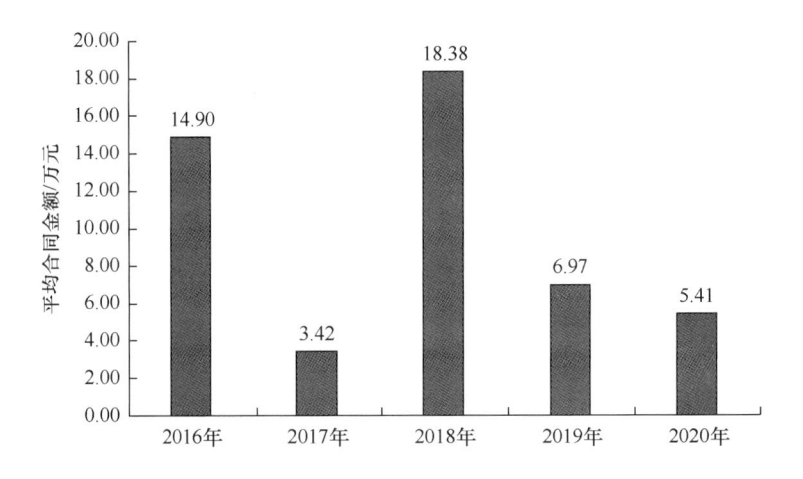

图 1-3 "十三五"期间广东省高校院所年度科技成果转化平均合同金额

1.1.1 转化收入排名

2020 年,广东省科技成果转化收入超亿元的单位共有 18 家,其中排名前 3 位的华南理工大学、广东省科学院、广东省水利水电科学研究院,转化收入分别达 12.60 亿元、8.72 亿元、4.20 亿元。

"十三五"期间,平均每年度转化收入超亿元的单位达 12 家,其中 2020 年有 18 家,为超亿元单位最多的年份。"十三五"广东省高校院所年度科技成果转化收入前 10 名单位如表 1-1 所示,转化合同项数前 10 名单位如表 1-2 所示。

表 1-1 "十三五"期间广东省高校院所年度科技成果转化收入前 10 名单位

排 名	单位名称	转化收入/万元	年 度
1	华南理工大学	129484.67	2018 年
2	华南理工大学	126032.23	2020 年
3	华南理工大学	118595.06	2019 年
4	华南理工大学	115062.94	2017 年
5	暨南大学	103928.38	2019 年
6	华南理工大学	91102.98	2016 年
7	广东省科学院	87240.07	2020 年
8	广东省科学院	65790.61	2019 年
9	深圳华大生命科学研究院	61442	2019 年
10	中国科学院深圳先进技术研究院	61315.32	2019 年

表 1-2 "十三五"期间广东省高校院所年度科技成果转化合同项数前 10 名单位

排 名	单位名称	合同项数/项	年 度
1	广东省科学院	112212	2020 年
2	广东省科学院	106865	2017 年
3	广东省科学院	93901	2019 年
4	广东省科学院	17979	2018 年
5	广东省科学技术情报研究所	14894	2019 年
6	广州能源检测研究院	7800	2016 年
7	广州能源检测研究院	7500	2017 年
8	广东华中科技大学工业技术研究院	6687	2017 年
9	广东华中科技大学工业技术研究院	2550	2016 年
10	中山大学	2461	2019 年

1.1.2 大额合同情况

2020 年提交的所有合同中，单项合同最高金额为 3 亿元（华南理工大学和深圳华大生命科学研究院各 1 项）。超过 1000 万元的合同共计 72 项。其中，[10000，50000]万元的合同项数有 4 项（高等院校 3 项，科研院所 1 项）；[1000，10000)万元的合同项数有 68 项（高等院校 32 项，科研院所 36 项）。

"十三五"期间，单项合同最高金额的是 2019 年中国科学院深圳先进技术研究院签订的 43666.67 万元的合同。超过 1000 万元的合同共计 223 项。其中，[10000, 50000] 万元的合同项数有 13 项（高等院校 8 项，科研院所 5 项），该区间的合同金额为 30.36 亿元；[1000, 10000）万元的合同项数有 210 项（高等院校 108 项，科研院所 102 项），该区间的合同金额为 48.67 亿元。超千万元大额合同签订最多的是 2020 年，共有 72 项；超亿元大额合同签订最多的是 2019 年，共有 8 项，如图 1-4 所示，单项合同金额前 10 名单位如表 1-3 所示。

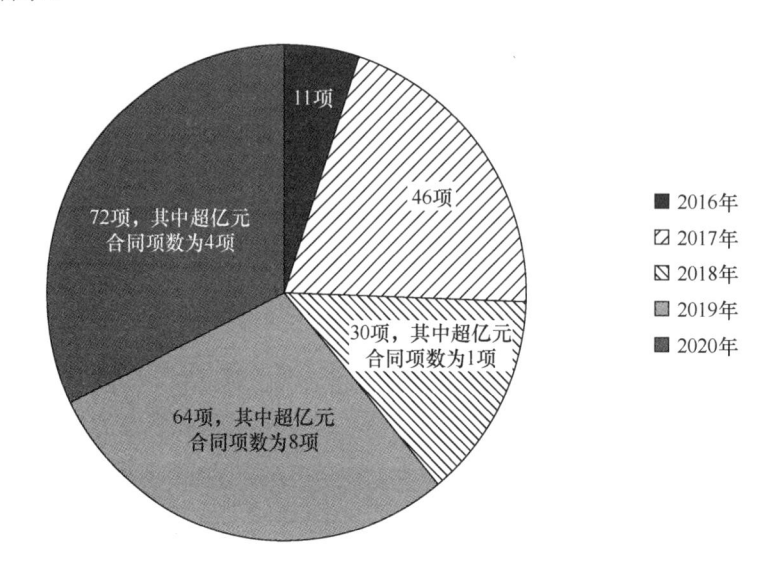

图 1-4 "十三五"期间广东省高校院所年度科技成果转化大额合同情况

（超过 1000 万元合同项数）

表 1-3 "十三五"期间广东省高校院所年度科技成果转化单项合同金额前 10 名单位

排 名	单位名称	合同金额/万元	年 度
1	中国科学院深圳先进技术研究院	43666.67	2019 年
2	暨南大学	42750	2019 年
3	华南理工大学	30000	2020 年
4	深圳华大生命科学研究院	30000	2020 年
5	深圳华大生命科学研究院	30000	2019 年
6	深圳华大生命科学研究院	26663.66	2018 年
7	暨南大学	20000	2019 年
8	暨南大学	20000	2019 年
9	华南理工大学	15647	2019 年
10	散裂中子源科学中心	14700	2019 年

"十三五"期间，单项合同金额在 1000 万元以下的合同项数为 8141 项。其中，

[100，1000)万元的合同项数有 3633 项（高等院校 1951 项，科研院所 1682 项），该区间的合同金额为 84.85 亿元；[10，100)万元的合同项数有 1618 项（高等院校 801 项，科研院所 817 项），该区间的合同金额为 4.86 亿元；[0，10)万元的合同项数有 2890 项（高等院校 1683 项，科研院所 1207 项），该区间的合同金额为 0.85 亿元。合同金额区间分布情况如表 1-4 所示。

表 1-4 "十三五"期间广东省高校院所年度科技成果转化合同金额区间分布情况

合同金额区间/万元	合同项数/项	合同项数占比	合同金额/万元	合同金额占比
[10000，50000]	13	0.16%	303627.91	17.90%
[1000，10000)	210	2.51%	486731.39	28.70%
[100，1000)	3633	43.44%	848545.36	50.03%
[10，100)	1618	19.34%	48614.46	2.87%
[0，10)	2890	34.55%	8461.26	0.50%
总计	8364	/	1695980.38	/

专栏：全国横向对比情况

从全国各省（自治区、直辖市）辖区内以所有转化方式转化科技成果的合同金额排名来看，2020 年广东省排名第 4 位，合同金额占全国的 6.87%。前 3 位分别是北京、江苏和上海，其合同金额分别是广东省的 3.06 倍、1.52 倍和 1.37 倍（数据来源于《中国科技成果转化年度报告 2020》）。

1.1.3 高等院校和科研院所对比情况

2020 年，高等院校以所有转化方式转化科技成果的收入总额达 41.47 亿元，同比下降 10.19%；合同项数达 11558 项，同比下降 6.74%；平均合同金额为 35.88 万元，同比下降 3.70%。2020 年，科研院所以所有转化方式转化科技成果的收入总额达 36.41 亿元，同比下降 4.77%；合同项数达 120987 项，同比增长 5.69%；平均合同金额为 3.01 万元，同比下降 9.89%。可见，2020 年高等院校的转化收入总额整体高于科研院所，平均合同金额更是科研院所的 11.92 倍。

这个对比情况在"十三五"期间的各年度中表现一致（见图 1-5、图 1-6、图 1-7），高等院校的收入总额和平均合同金额都高于科研院所，其中平均合同金额更是有数倍甚至 10 多倍的差距，原因是科研院所有数量众多的小金额技术服务合同。

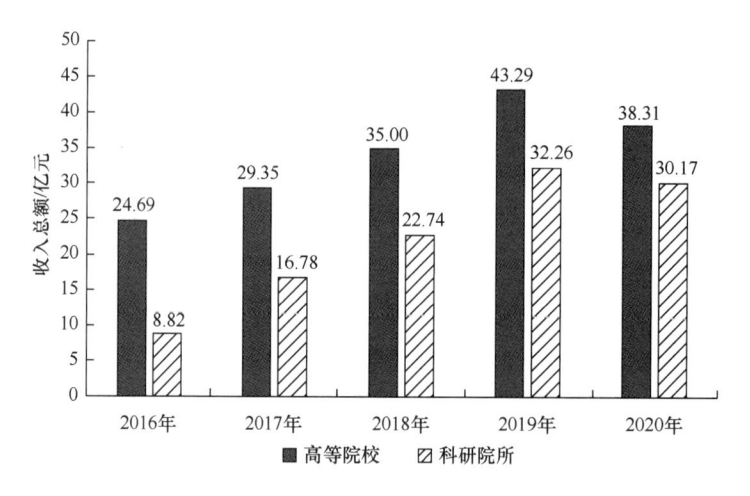

图 1-5 "十三五"期间广东省高校院所年度科技成果转化收入总额对比情况

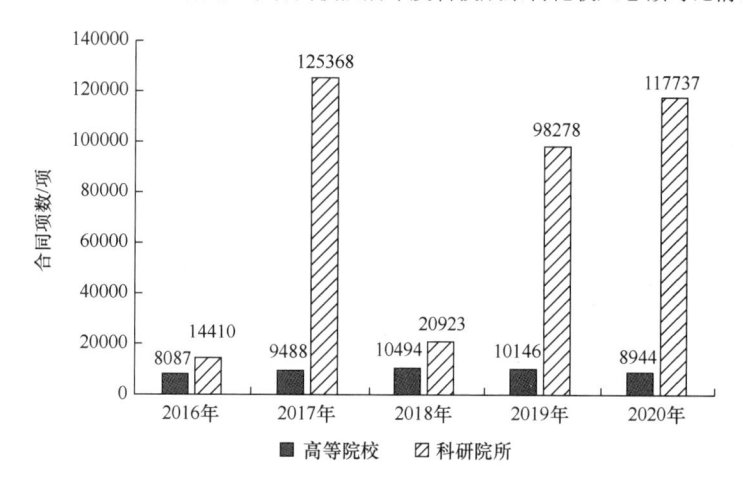

图 1-6 "十三五"期间广东省高校院所年度科技成果转化合同项数对比情况

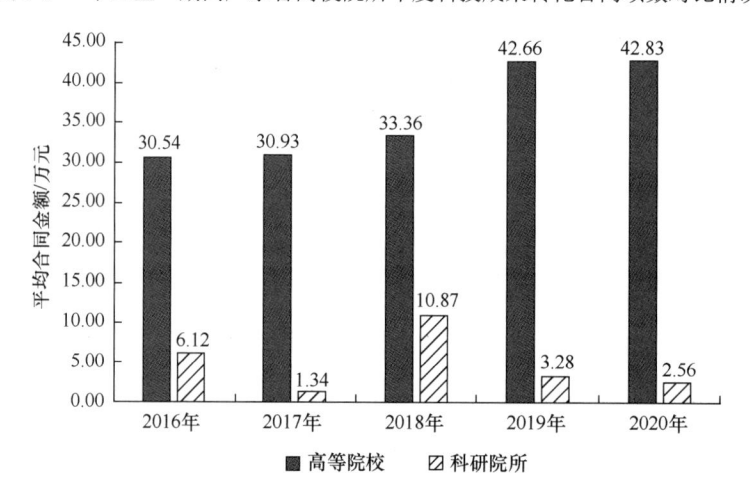

图 1-7 "十三五"期间广东省高校院所年度科技成果转化平均合同金额对比情况

专栏：全国横向对比情况

1. 高等院校

2020年，从全国各省（自治区、直辖市）辖区内的高等院校以所有转化方式转化科技成果收入总金额来看，广东省辖区内高等院校合同金额占全国的5.02%，在全国排名第8位，前7位分别是北京市、江苏省、上海市、浙江省、湖北省、陕西省、四川省，北京市的合同金额是广东省的3.2倍。从全国高等院校以所有转化方式转化科技成果合同金额前100名中看，2020年广东省有6家高等院校上榜，属地集中在广州市、深圳市，其中华南理工大学排名第12位，排名第1位的清华大学的合同金额是其2.55倍。从进入全国高等院校以所有转化方式转化科技成果合同金额前100名榜单的单位数排名来看，广东省与陕西省并列第5位，前4位分别是江苏省（15家）、北京市（13家）、上海市（9家）、湖北省（7家）。从总合同金额占比来看，广东省排名第8位，占前100名总合同金额的4.72%，排名前7位的分别是北京市、江苏省、上海市、四川省、湖北省、浙江省、陕西省。在以上省（自治区、直辖市）中，江苏省、上海市各有5家单位的合同金额高于这100家单位的单位平均合同金额，北京市、四川省、湖北省、陕西省分别有4家、3家、3家、2家，广东省、浙江省各有1家。

2017—2019年3年间，广东省分别有4家、6家、5家单位入围全国高等院校以所有转化方式转化科技成果合同金额前100名。这3年间，广东省排名最靠前的单位都是华南理工大学，分别排名第6位、第6位、第7位，3年连续排名第1位的清华大学当年的合同金额分别是其1.79倍、2.29倍、2.48倍。

2. 科研院所

2020年，从各省（自治区、直辖市）辖区内的科研院所以所有转化方式转化科技成果收入总金额来看，广东省合同金额占全国总合同金额的10.42%，全国排名第2位，第1位为北京市，上海市、江苏省、浙江省分别排名第3~5位。从全国科研院所以所有转化方式转化科技成果合同金额前100名中看，排名第1位的是北京市（34家），广东省与上海市均有10家，并列第2位。其中广东省辖区内进入全国排名前15位的有广东省科学院、珠江水利水电科学研究院、生态环境部华南环境科学研究所，排名分别为第4位、第12位、第14位。江苏省与浙江省均有6家单位，并列第3位。从前100名科研院所中各省（自治区、直辖市）总合同金额来看，广东省排名第3位，占前100名总合同金额的11.04%，排名前2位的分别是北京市、上海市。在这前100名科研院所中，北京市、上海市、广东省、江苏省、辽宁省分别有10家、4家、4家、3家、3家，这24家单位的平均合同金额高于这100家单位的平均合同金额。

> 2017—2019 年 3 年间，广东省分别有 9 家、7 家、8 家单位入围全国科研院所以所有转化方式转化科技成果合同金额前 100 名。这 3 年间，广东省排名最靠前的单位一直是广东省科学院，分别排第 10 位、第 7 位、第 4 位。

1.2　不同转化方式对比情况

科技成果转化年度报告对科技成果转化方式的划分主要是两大类：一类统称产学研合作[①]，包括技术开发、咨询、服务 3 类科技成果转化活动，可视为隐性知识（或技术秘密[②]等）的传播，转化双方签订的是技术开发、咨询、服务类合同；另一类统称转让、许可、作价投资，可视为有形技术成果[③]（如专利等）的转化，转化双方签订的是转让[④]、许可合同。两类转化方式在本报告中统称"所有转化方式"。

1.2.1　产学研合作与转让、许可、作价投资对比情况

2020 年，高校院所以产学研合作方式转化科技成果作用明显，是广东省科技成果转化的主流方式，收入金额、合同项数均显著高于转让、许可、作价投资。从收入金额来看，转让、许可、作价投资与产学研合作的收入金额分别为 10.23 亿元（占比 13.14%）、67.64 亿元（占比 86.86%），合同项数分别为 1343 项（占比 1.01%）、131202 项（占比 98.99%），平均合同金额分别为 76.21 万元和 5.16 万元。

整个"十三五"期间，各年度产学研合作的收入金额和合同项数均高于转让、许可、作价投资，如图 1-8、图 1-9 所示；平均合同金额则远低于转让、许可、作价投资，如图 1-10 所示。

---

① 《实施〈中华人民共和国促进科技成果转化法〉若干规定》指出，国家设立的研究开发机构、高等院校按照规定格式报送的科技成果转化年度报告中，应包括签订的技术开发合同、技术咨询合同、技术服务合同等产学研合作情况。《科技部办公厅财政部办公厅关于研究开发机构和高等院校报送 2020 年度科技成果转化年度报告工作有关事项的通知》（国科办区〔2021〕120 号）规定，产学研合作情况主要是指技术开发、技术咨询、技术服务 3 种方式的技术活动。
② 技术秘密主要是指凭借经验或技能产生的，在工业化生产中适用的技术情报、数据或知识，包括产品配方、工艺流程、技术秘诀、设计、图纸（含草图）、试验数据和记录、计算机程序等，而且这些技术信息尚未获得专利等其他知识产权法律法规的保护。
③ 有形技术成果一般是指专利技术（含国防专利）、计算机软件著作权、集成电路布图设计专有权、植物新品种权、生物医药新品种，以及科技部、财政部、国家税务总局确定的其他技术成果。
④ 以技术成果作价投资入股到境内居民企业，被投资企业支付的对价全部为股票（权），称为技术入股，亦即作价投资，根据科学技术部《关于印发〈技术合同认定登记规则〉的通知》（国科发政字〔2001〕253 号）第六条：以技术入股方式订立的合同，可按技术转让合同认定登记。

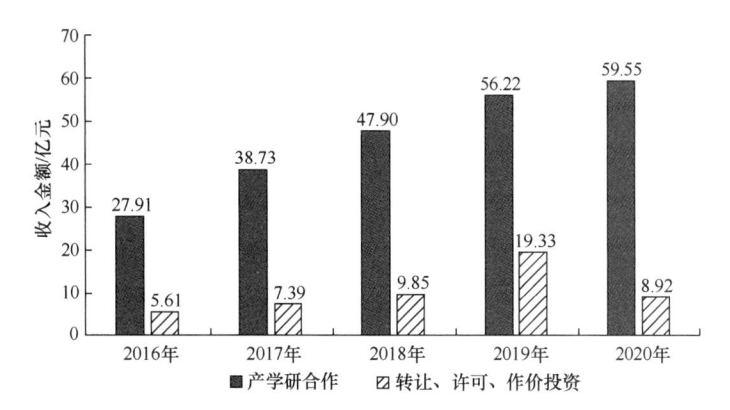

图 1-8 "十三五"期间广东省高校院所产学研合作与转让、许可、作价投资的收入金额年度对比情况

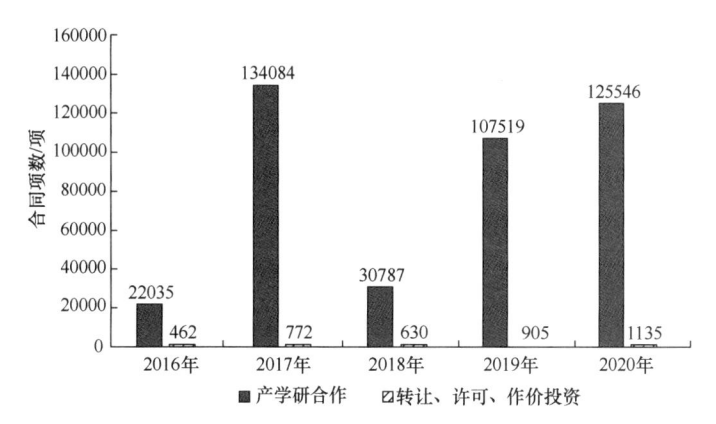

图 1-9 "十三五"期间广东省高校院所产学研合作与转让、许可、作价投资的合同项数年度对比情况

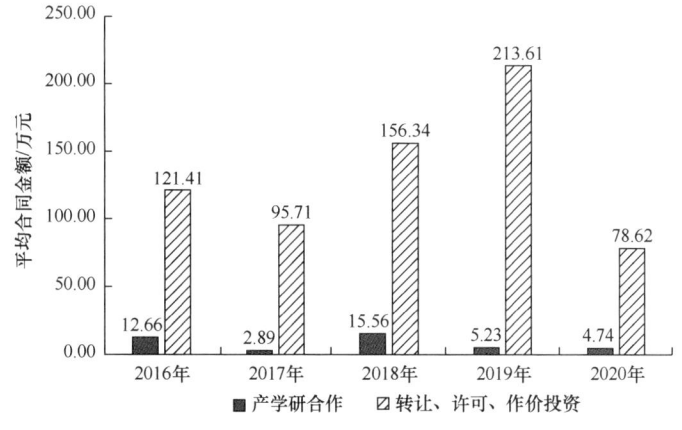

图 1-10 "十三五"期间广东省高校院所产学研合作与转让、许可、作价投资的平均合同金额年度对比情况

1.2.2 以转让、许可、作价投资方式转化科技成果对比情况

2020年，广东省高校院所以转让、许可、作价投资方式转化科技成果的收入总额达10.23亿元，同比下降50.72%，全国则实现32.3%的正增长；合同项数达1343项，同比增长19.42%，增幅低于全国的39.9%。以转让、许可、作价投资3种方式转化科技成果的合同平均金额为76.21万元，低于全国的96.6万元，同比下降58.74%，下降幅度远高于全国的5.4%。在3种转化方式中，作价投资的转化收入总额最高，转让的转化合同项数最多，作价投资的平均合同金额最高（见表1-5）。

表1-5　2020年广东省高校院所以转让、许可、作价投资3种方式转化科技成果对比情况

转让方式	收入金额/万元	所占比例	合同项数/项	所占比例	平均合同金额/万元
转让	32675.26	31.93%	999	74.39%	32.71
许可	30165.41	29.47%	276	20.55%	109.29
作价投资	39506.56	38.60%	68	5.06%	580.98
合计	102347.23	100.00%	1343	100.00%	76.21

这些特点也出现在整个"十三五"期间各年度的转化方式对比情况中，其中，2019年作价投资的收入金额超过了转让和许可之和（见图1-11），2020年转让的合同项数最多（见图1-12），2016年作价投资的平均合同金额更是转让和许可平均合同金额的数十倍（见图1-13）。

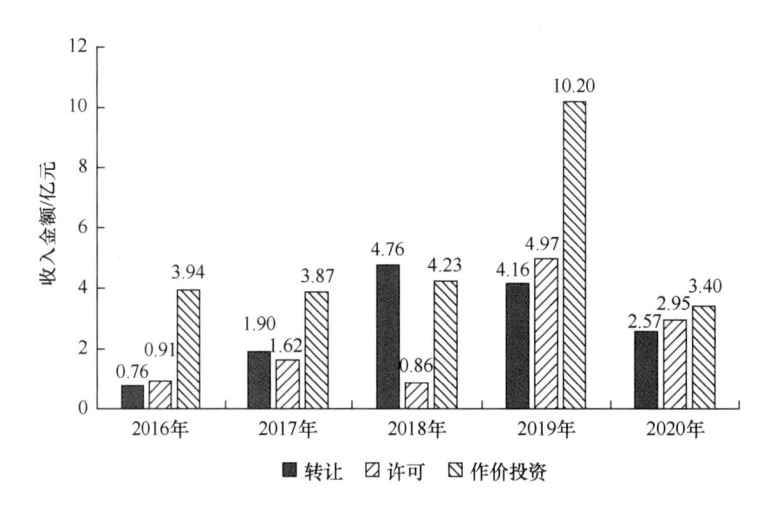

图1-11　"十三五"期间广东省高校院所转让、许可、作价投资的收入金额年度对比情况

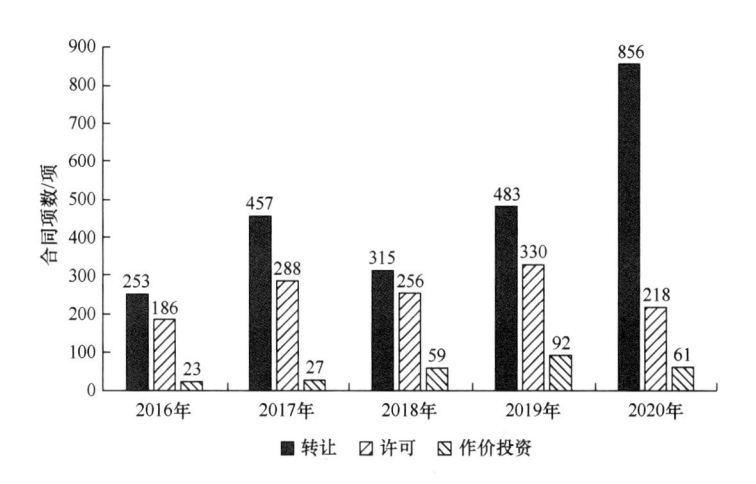

图 1-12 "十三五"期间广东省高校院所转让、许可、作价投资的合同项数年度对比情况

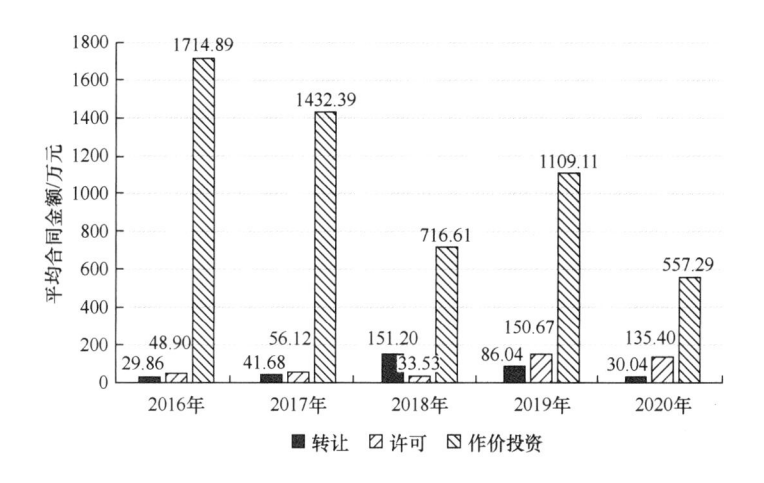

图 1-13 "十三五"期间广东省高校院所转让、许可、作价投资的平均合同金额年度对比情况

专栏：全国横向对比情况

2020年，从全国各省（自治区、直辖市）辖区内以转让、许可、作价投资方式转化科技成果的合同金额排名来看，广东省排名第6位，合同金额占全国总合同金额的5.06%，较2019年的占比（13.44%）下降幅度较大；排名前5位的分别是上海市、北京市、湖南省、辽宁省、四川省。从合同金额占比情况看，北京市（20.99%）、湖南省（5.83%）、辽宁省（5.66%）、四川省（5.61%）都较其2019年占全国总合同金额的比重（17.18%、4.05%、3.76%、1.88%）有所提升，上海市（23.22%）较2019年占全国总合同金额的比重（23.60%）有所下降。从以上省（自治区、直辖市）2019年与2020年的排名情况来看，北京市、上海市排名不变，湖南省、辽宁省、四川省在2020年的排名较2019年有所上升，广东省在2020年的排名较2019年下降3位。

2020年，从全国高校院所以转让、许可、作价投资方式转化科技成果合同金额前100名中各省（自治区、直辖市）单位数来看，广东省有8家高校院所入围（高等院校5家，科研院所3家），单位数排名第4位。前3位分别是北京市（22家）、上海市（13家）、江苏省（10家）。其中暨南大学排名第22位，排名第1位的中国科学院上海药物研究所的合同金额是其6.63倍。从总合同金额来看，广东省排名第6位，占前100名总金额的4.57%。排名前5位的分别是上海市、北京市、湖南省、辽宁省、四川省。在以上省（自治区、直辖市）中，上海市与北京市均有6家单位的合同金额高于这100家单位的单位平均合同金额，湖南省、辽宁省、广东省、四川省分别有3家、2家、1家、1家单位高于这一金额。

2019年，从全国各省（自治区、直辖市）内的高校院所以转让、许可、作价投资方式转化科技成果的合同金额排名来看，广东省排名第3位，合同金额占全国总金额的13.44%。排名前2位的分别是上海市（23.60%）、北京市（17.18%），排名第4位、第5位的分别是江苏省（6.39%）、浙江省（4.90%）。广东省有9家高校院所进入前100名（高等院校3家，科研院所6家），其中中国科学院深圳先进技术研究院排名第2位，暨南大学排名第3位，排名第1位的中国科学院上海药物研究所合同金额分别是其3.48倍、3.92倍。

2018年，从全国各省（自治区、直辖市）内的高校院所以转让、许可、作价投资方式转化科技成果的合同金额排名来看，广东省排名第4位，合同金额占全国总金额的6.01%。排名前3位的分别是北京市（28.01%）、上海市（24.04%）、吉林省（6.78%），紧随其后排名第5位的是江苏省（4.36%）。广东省有10家单位进入前100名（高等院校4家，科研院所6家），其中深圳华大生命科学研究院排名第12位，排名第1位的中国科学院工程热物理研究所合同金额是其7.04倍。

2017年，从全国各省（自治区、直辖市）内的高校院所以转让、许可、作价投资方式转化科技成果的合同金额来看，广东省排名第3位，合同金额为4.1亿元，排名前2位的省份分别是山东省（7.2亿元）、江苏省（6.3亿元）。

1.2.3 高等院校和科研院所对比情况

2020年，高等院校以转让、许可、作价投资方式转化科技成果的收入金额达5.98亿元，同比下降37.75%；合同项数达817项，同比增长40.38%；平均合同金额为73.21万元，同比下降55.65%。2020年，科研院所以转让、许可、作价投资方式转化科技成果的收入金额达 4.25 亿元，同比下降 62.32%；合同项数达 526 项，同比下降 3.58%；平均合同金额为 80.87 万元，同比下降 60.92%。可见，2020 年高等院校以转让、许可、作价投资方式转化科技成果收入金额高于科研院所，但平均合同金额略低于科研院所。2020 年，高等院校以产学研合作方式转化科技成果的收入金额达 35.49 亿元，同比下降 2.89%；合同项数达 10741 项，同比下降 9.11%；平均合同金额为 33.04 万元，同比增长 6.85%。2020 年，科研院所以产学研合作方式转化科技成果的收入金额达 32.16 亿元，同比增长 19.28%；合同项数达 120461 项，同比增长 5.73%；平均合同金额为 2.67 万元，同比增长 12.82%。可见，2020 年高等院校以产学研合作方式转化科技成果的收入金额略高于科研院所，但合同项数远少于科研院所，所以平均合同金额远高于科研院所，是其 12.37 倍。

整个"十三五"期间，5 年存续单位的对比情况与 2020 年有所不同，就以转让、许可、作价投资方式转化科技成果的总收入金额而言，2016 年与 2020 年高等院校比科研院所要高，但 2017 年、2018 年和 2019 年高等院校都低于科研院所，如图 1-14 所示。平均合同金额则根据各自合同项数的年度波动情况而相应呈高低之势，其中科研院所的年度平均合同金额较为平稳，高等院校的波动较大，如图 1-15、图 1-16 所示。无论是高等院校还是科研院所，各年度以产学研合作方式转化科技成果的收入和合同项数都要大于转让、许可、作价投资，平均合同金额则远低于转让、许可、作价投资，其交叉对比情况如图 1-17、图 1-18、图 1-19 所示。

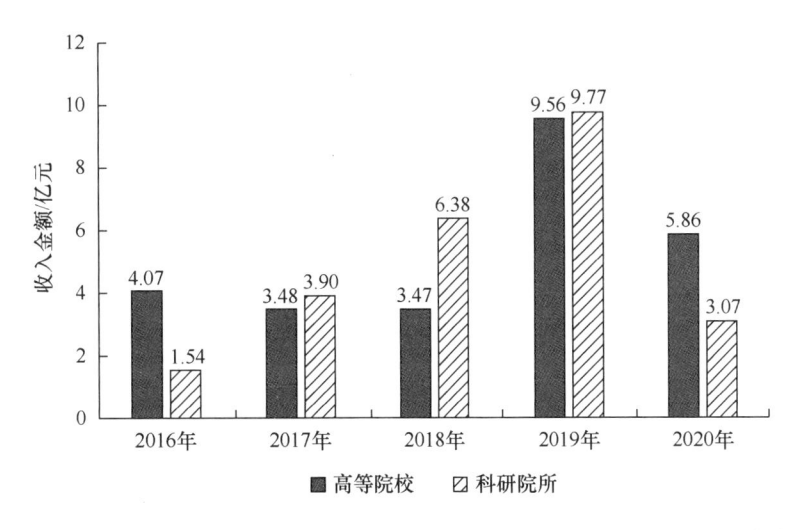

图 1-14 "十三五"期间广东省高校院所转让、许可、作价投资 3 项合计收入金额年度对比情况

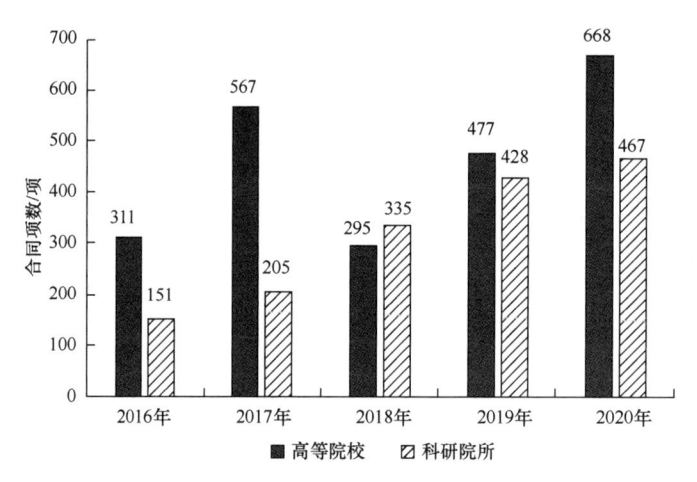

图 1-15 "十三五"期间广东省高校院所转让、许可、作价投资 3 项合计合同项数年度对比情况

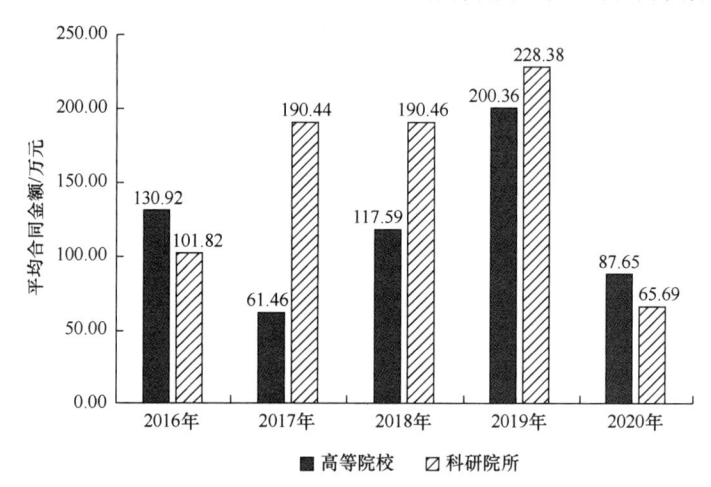

图 1-16 "十三五"期间广东省高校院所转让、许可、作价投资 3 项合计平均合同金额年度对比情况

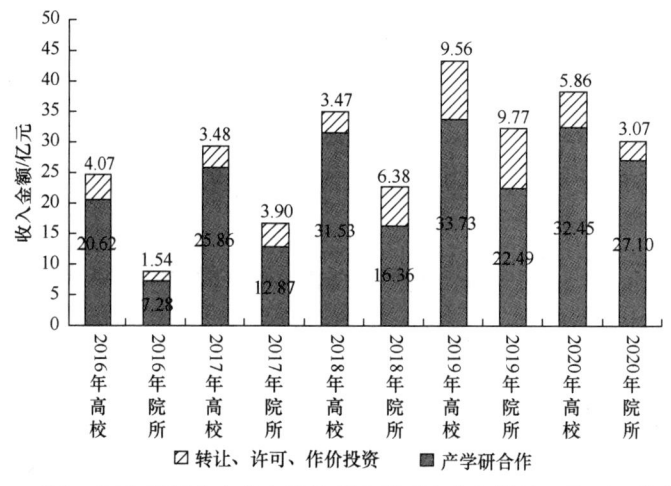

图 1-17 "十三五"期间广东省高校院所产学研合作与转让、许可、作价投资的收入金额年度对比情况

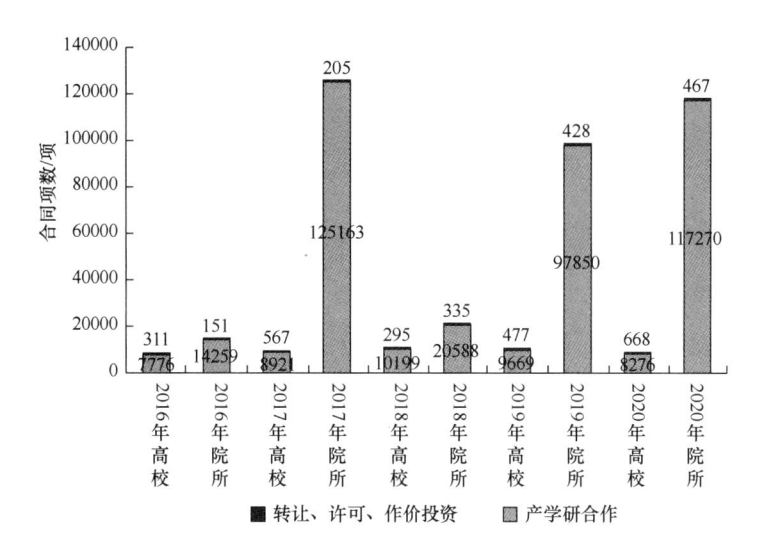

图1-18 "十三五"期间广东省高校院所产学研合作与转让、许可、作价投资的合同项数年度对比情况

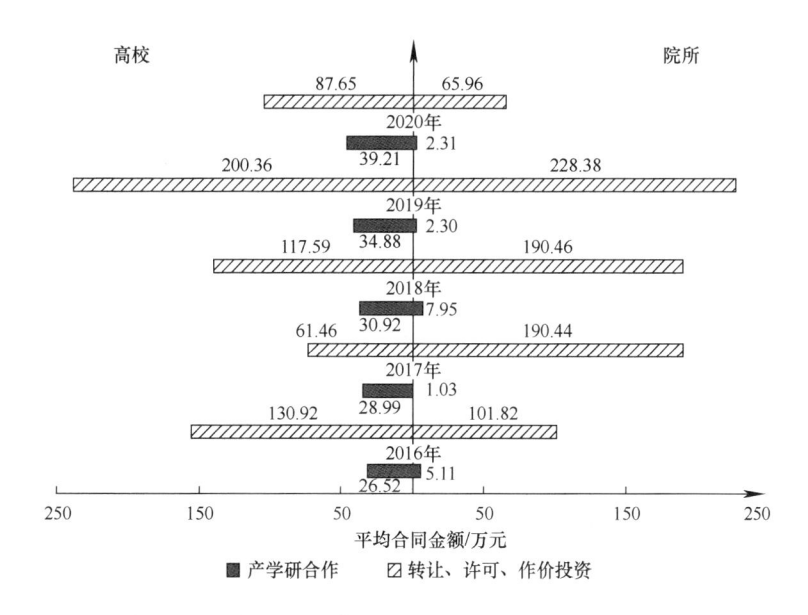

图1-19 "十三五"期间广东省高校院所产学研合作与转让、许可、作价投资的平均合同金额年度对比情况

专栏：全国横向对比情况

1. 高等院校

2020年，从全国各省（自治区、直辖市）辖区内的高等院校以转让、许可、作价投资方式转化科技成果收入总金额来看，广东省合同金额（占全国的5.24%，下同），在全

国排名第 6 位，较 2019 年的占比（13.38%）有所下降。合同金额排名前 4 位的分别是上海市（23.06%）、北京市（13.71%）、湖南省（9.75%）、四川省（9.20%），都较其 2019 年的占比（15.82%、9.29%、6.90%、3.14%）有所提升，而排名第 5 位的江苏省（5.55%）则较 2019 年的占比（10.57%）有所下降。从入围合同金额前 100 名的各省（自治区、直辖市）单位数量来看，广东省有 8 家高等院校，与陕西省并列第 3 位。排名前 2 位的分别是江苏省（12 家）、北京市（10 家）、上海市（10 家）。从总合同金额来看，广东省排名第 5 位，占前 100 名总金额的 5.37%，排名前 4 位的分别是上海市、北京市、湖南省、四川省。以上省（自治区、直辖市）中，上海市、湖南省分别有 5 家、3 家高等院校的合同金额高于这 100 家高等院校的单位平均合同金额，北京市、广东省、江苏省、四川省则各有 1 家单位高于这一金额。

2019 年，从全国各省（自治区、直辖市）辖区内的高等院校以转让、许可、作价投资方式转化科技成果收入总金额来看，广东省合同金额排名第 2 位，占全国的 13.38%。上海市排名第 1 位，第 3、4、5 位分别是江苏省、北京市、湖南省。当年广东省共有 6 家单位入围全国高等院校以转让、许可、作价投资方式转化科技成果收入前 100 名。而 2018 年，广东省则排名第 4 位，前 3 位分别是上海市、北京市、江苏省，辽宁省紧随广东省排第 5 位。当年广东省共有 7 家单位入围全国高等院校以转让、许可、作价投资方式转化科技成果收入前 100 名。2017 年则有 6 家单位入围全国高等院校以转让、许可、作价投资方式转化科技成果收入前 100 名。

2. 科研院所

2020 年，从全国各省（自治区、直辖市）辖区内的科研院所以转让、许可、作价投资方式转化科技成果收入总金额来看，广东省合同金额在全国排名第 5 位，占全国的 4.84%，较 2019 年的占比（13.49%）有所下降。在前 3 位中，北京市（30.41%）、辽宁省（9.74%）较 2019 年的占比（24.22%、1.42%）有所提升，上海市（23.42%）较 2019 年的占比（30.56%）有所下降。排名第 4 位的吉林省（8.48%）较 2019 年的占比（1.70%）有所提升。当年广东省有 10 家单位入围全国科研院所以转让、许可、作价投资方式转化科技成果合同金额前 100 名，单位数量全国排名第 3 位，前 2 位分别是北京市（28 家）、上海市（11 家）。其中，中国科学院深圳先进技术研究院排名第 11 位，而排名第 1 位的中国科学院上海药物研究所合同金额是其 8.59 倍。从入围全国科研院所以转让、许可、作价投资方式转化科技成果合同金额前 100 名的各省（自治区、直辖市）排名来看，广东省排名第

5位，占前100名总合同金额的4.82%，排名前4位的分别是北京市、上海市、辽宁省、吉林省。在以上省（自治区、直辖市）中，北京市、上海市、辽宁省、吉林省、广东省分别有10家、3家、2家、1家、1家科研院所的合同金额高于这100家科研院所的单位平均合同金额。

2019年，从各省（自治区、直辖市）辖区内的科研院所以转让、许可、作价投资方式转化科技成果收入总金额来看，广东省在全国排名第3位，占全国的13.49%。排名前2位的分别是上海市、北京市，排名第4位、第5位的分别是天津市、浙江省。广东省有9家单位入围当年全国科研院所以转让、许可、作价投资方式转化科技成果合同金额前100名，其中，中国科学院深圳先进技术研究院、深圳华大生命科学研究院分别排名第2位、第4位。2018年广东省在全国排名第4位，排名前3位的分别是北京市、上海市、吉林省，甘肃省排名第5位。2018年广东省有10家单位入围全国科研院所以转让、许可、作价投资方式转化科技成果合同金额前100名，其中，深圳华大生命科学研究院、中国科学院深圳先进技术研究院分别排名第6位、第11位。2017年广东省有6家单位入围全国科研院所以转让、许可、作价投资方式转化科技成果合同金额前100名，其中深圳华大生命科学研究院、中国科学院深圳先进技术研究院分别排名第20位、第21位。

第 2 章 转让方式情况

科技成果转让，是指通过所有权转移等转让方式进行科技成果转化。本章以 2020 年为报告基准年展开分析论述，通过分析科技成果转让方式 2020 年与 2019 年的同比情况、"十三五"期间的纵向对比情况，以及高等院校与科研院所不同转让主体对比情况、广东省与全国的横向对比情况，并介绍一些典型案例，全方位、多层次为读者展现科技成果转让方式的开展情况。

2.1 总体规模

2020年，广东省高校院所以转让方式转化科技成果的收入金额达3.27亿元，同比下降37.44%，全国则实现30.2%的正增长；合同项数达999项，同比增长55.28%，增速高于全国的44.6%；平均合同金额为32.71万元，比2019年下降59.71%，低于全国的48.6万元。

"十三五"期间，5年存续单位以转让方式转化科技成果的年度收入总额呈钟形曲线，如图2-1所示，2016年起迅猛拉升，2018年达到最高点4.76亿元，2019年、2020年逐步回落，但总额依然比上升阶段年度要高；平均合同金额也呈钟形曲线，如图2-2所示，但合

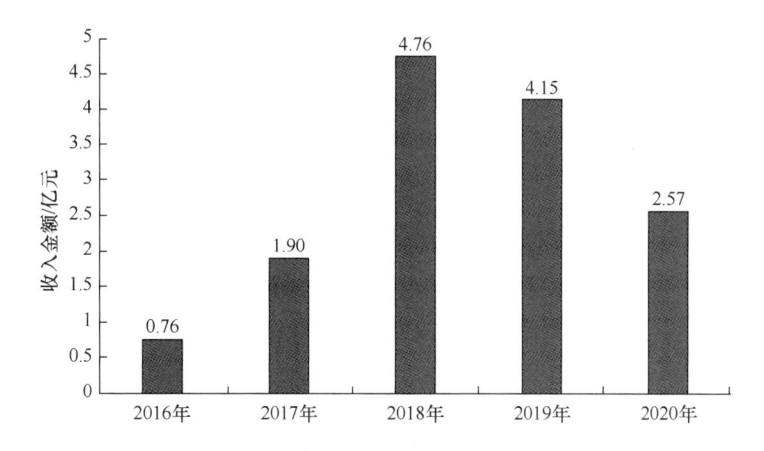

图2-1 "十三五"期间广东省高校院所年度转让收入金额

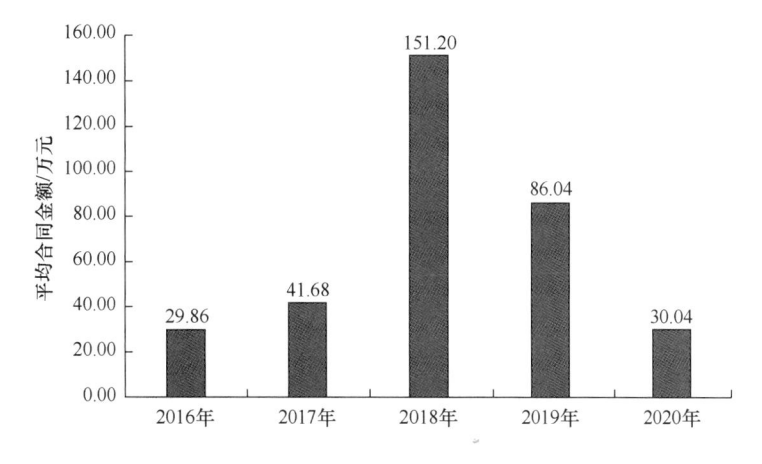

图2-2 "十三五"期间广东省高校院所年度转让平均合同金额

同项数呈 U 字形曲线，如图 2-3 所示，由此可见，2018 年高校院所的科技成果转让情况颇佳，项目含金量高。

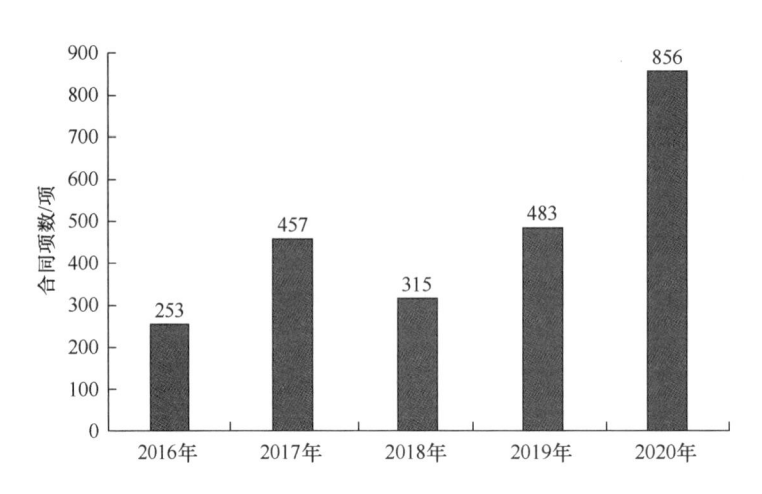

图 2-3 "十三五"期间广东省高校院所年度转让合同项数

专栏：全国横向对比情况

从全国高校院所以转让方式转化科技成果合同金额前 100 名中各省（自治区、直辖市）单位数来看，2020 年广东省与江苏省均有 11 家高校院所进入前 100 名，排名第 3 位，排名前 2 位的分别是北京市（22 家）、上海市（12 家）。其中，中山大学排名第 28 位，排名第 1 位的中国科学院上海药物研究所金额是其 24.54 倍。从前 100 名中各省（自治区、直辖市）的总合同金额来看，广东省总合同金额为 26866.42 万元，占前 100 名总合同金额的 4.61%，排名第 4 位，排名前 3 位的分别是上海市、北京市、江苏省。在以上省（自治区、直辖市）中，上海市、北京市、江苏省分别有 7 家、5 家、2 家单位的合同金额高于这 100 家单位的平均单位合同金额，广东省则没有。

2019 年，全国高校院所以转让方式转化科技成果合同金额超过 1 亿元的单位有 5 家，深圳华大生命科学研究院（3.0 亿元）排名第 2 位，排名第 1 位的中国科学院上海药物研究所的合同金额（14.0 亿元）是其 4.67 倍。

2018 年，全国高校院所以转让方式转化科技成果合同金额超过 1 亿元的单位有 9 家，深圳华大生命科学研究院（2.7 亿元）排名第 3 位，排名第 1 位的中国科学院上海药物研究所的合同金额（11.2 亿元）是其 4.15 倍。

2.2 高等院校和科研院所对比情况

2020年，高等院校以转让方式转化科技成果的收入金额达1.67亿元，同比增长178.05%；合同项数为640项，同比增长86.59%；平均合同金额为26.04万元，同比增长49.02%。2020年，科研院所以转让方式转化科技成果的收入金额达1.60亿元，同比下降66.30%；合同项数为359项，同比增长18.49%；平均合同金额为44.59万元，同比下降71.56%。可见，高等院校与科研院所的转让收入金额相当，但平均合同金额科研院所要更高。

针对5年存续单位的分析，除2020年度科研院所的转让收入金额比高等院校的转让收入金额要低之外，2016—2019年都高于高等院校，尤其是2018年远远高于高等院校（见图2-4）；从转让合同项数来看，高等院校多于科研院所（见图2-5）；平均合同金额也在2018年创下新高（见图2-6），由此进一步可知，2018年高校院所以转让方式实现的收入金额冠绝"十三五"，主要是由于2018年科研院所的转让收入金额较高。根据表2-1，以转让方式转化科技成果收入金额前10名中有3席为2018年度的科研院所。此外，深圳华大生命科学研究院包揽了收入总额排名表的前3位，广东省林业科学研究院占了合同项数前10名的3席（见表2-2），表现亮眼。总体而言，以转让方式转化科技成果的项目数不多，每年广东省只有几百项，金额也不高，从几十万元到两三百万元不等，但其可作为反映当年可转化专利数量和质量的一个"金标准"。

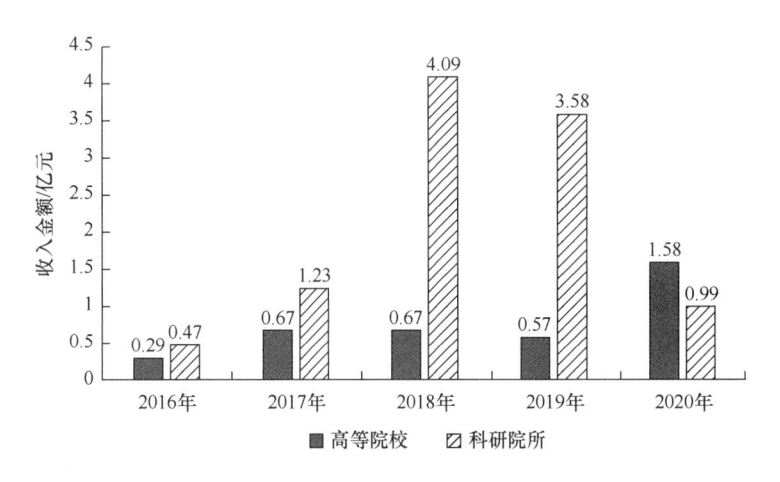

图2-4 "十三五"期间广东省高校院所年度转让收入金额对比情况

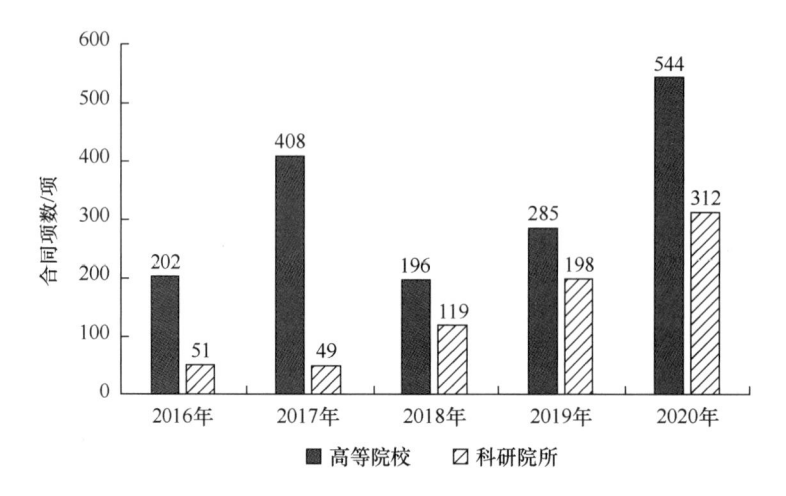

图 2-5 "十三五"期间广东省高校院所年度转让合同项数对比情况

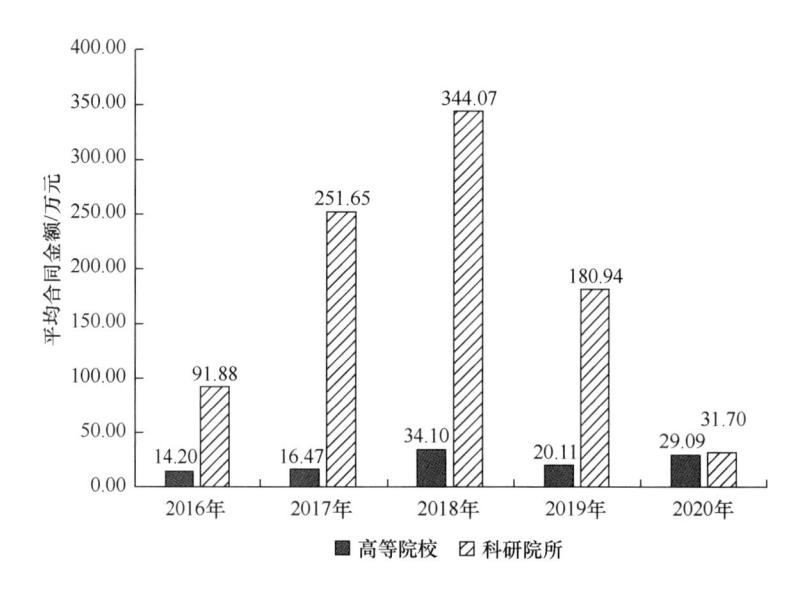

图 2-6 "十三五"期间广东省高校院所年度转让平均合同金额对比情况

表 2-1 "十三五"期间广东省高校院所年度以转让方式转化科技成果收入金额前 10 名单位

排　　名	单 位 名 称	收入金额/万元	年　　度
1	深圳华大生命科学研究院	30000	2019 年
2	深圳华大生命科学研究院	27211.98	2018 年
3	深圳华大生命科学研究院	9316.98	2017 年
4	中国科学院深圳先进技术研究院	5420	2018 年
5	中山大学	5205.75	2020 年
6	中山大学	4467.65	2018 年

(续表)

排名	单位名称	收入金额/万元	年度
7	电子科技大学广东电子信息工程研究院	4450	2019 年
8	广东省农业科学院	3984.74	2020 年
9	广东省科学院	3740	2018 年
10	华南理工大学	3127.84	2020 年

表 2-2 "十三五"期间广东省高校院所年度以转让方式转化科技成果合同项数前 10 名单位

排名	单位名称	合同项数/项	年度
1	广东省林业科学研究院	180	2020 年
2	广东省林业科学研究院	132	2019 年
3	华南理工大学	102	2017 年
4	佛山科学技术学院	88	2020 年
5	东莞理工学院	79	2020 年
6	广东省农业科学院	77	2020 年
7	华南师范大学	71	2020 年
8	华南理工大学	61	2016 年
9	广东省林业科学研究院	57	2018 年
10	广东省信息安全测评中心	55	2019 年

专栏：典型案例

1. 华南理工大学

"基于拉伸流变的高分子材料塑化输送方法及设备"——刷新佛山和华南理工大学单项专利转让的金额纪录

2020 年 5 月，佛山企业广东星联科技有限公司以超过 2000 万元的价格买下由中国工程院院士、华南理工大学教授瞿金平发明的"基于拉伸流变的高分子材料塑化输送方法及设备"专利技术，刷新了佛山和华南理工大学单项专利转让金额纪录。该专利技术颠覆了百年来以螺杆实现剪切流变的高分子材料加工方式，突破了新材料配方设计的技术瓶颈。专利权转让合同金额 2000 万元，加上前期的实施许可费，专利转化收益超过 2000 万元。该专利转让收入主要用于发明人课题组后续研发支撑和发明人奖励，按转化收入的 95%用于发明人课题组后续研发投入，或按转化收入的 80%用于奖励发明人和对成果获得及转化做出突出贡献的个人。该专利技术在转让前已许可企业实施应用，新增设备销售额以及企业实施该专利方法新增产值数十亿元，显著提升了塑料产品加工质量，节能降耗成效显著，有力提升了应用企业的经济效益，对提升我国塑料加工制造大国和强国地位具有重要意义。（源自2020年度报告）

2. 中山大学

"一种化痰止咳药物及其制备方法"——带动化州橘红中成药产业全面发展

在国家"重大新药创制"科技重大专项及广东省、市科技项目支持下，中山大学苏薇薇教授领导的研究团队运用现代药物研究方法，成功研制出唯一将化橘红制作成胶囊的产品，也是唯一可以同时止咳化痰的现代制剂——"红珠胶囊"。基于该研究团队与化州化橘红药材发展有限公司合作开展研究已有10余年，经学校科学研究院会同国有资产管理处进行价值评估，以及与发明人、受让方协商后，2018年"红珠胶囊"最终以2000万元的合同金额转让给该公司，首期到账金额为660万元。该项专利成果转化成本为资产评估费11.9万元，净收益为648.1万元，其中提取转让、许可净收益的70%用于奖励发明人，即453.67万元，现该笔奖金已发放完毕，共计奖励4人次。该成果转化带动了广东省尤其是化州市中药材种植以及中成药生产等相关产业链的全面发展，使得化州正毛化橘红成为化州市的国家地理标志，给地区中药材产业发展以及旅游业带来较高的美誉度。目前化州化橘红的种植面积达到10万多亩（1亩≈666.67平方米），带动种植群众600户脱贫致富。化橘红产业已成为化州市地方特色主产业，加工化橘红产品的大小企业共65家，取得专利技术30多项，生产的化橘红产品系列品种50多个，产品系列涵盖药品、饮料、饮片、保健、香料、工艺品等多个领域。（源自2018年度报告）

3. 广东省科学院

"基于农田重金属污染治理的木本泥炭改性技术"——专利转让+后期技术服务，实现占领我国红壤区20%的市场份额

广东省科学院在国际上率先采用了生理阻隔技术——一种全新的农田重金属污染控制技术，创新性地提出调控稻田物质循环，实现中轻度重金属污染稻田安全利用的治理新思路，有效降低可食部分的重金属含量，共获得3项专利技术成果。项目采用前期的专利转让加上后期的技术服务实现转化，合同金额为1128万元，第一笔专利转让费用为128万元，5年合同期内每年结算一次技术服务费用。项目的收益分配方法是，85%奖励给完成该项成果及为转化做出重要贡献的研究人员，5%上缴研究所，5%作为成果转化基金，5%作为推广奖励，单位共奖励26人次，合计102.1万元。该项目实现了较大规模的社会经济效益，共推广应用248.2万亩（1亩≈666.67平方米），新增合格稻米178万余吨，间接经济效益是使农民增收超过12亿元；市场份额占我国红壤区的20%、广东省的40%。该技术成果显著降低农产品的健康风险，环境与社会效益巨大，是我国目前农田重金属污染治理应用面积最大的技术与产品。（源自2018年度报告）

4. 广东工业大学

"甘胆酸测定试剂盒"——撬动年销售20亿元的大市场

广东工业大学赵肃清教授团队经过近5年的研究，制备了具有完全知识产权的多克隆抗体、单克隆抗体和基因工程抗体，研发了包括酶联免疫分析方法、化学发光免疫分析方法、荧光偏振免疫分析、生物素-链亲和霉素信号放大免疫方法等一系列免疫分析方法，可满足不同作业环境、不同人群使用及大样本快速筛查的需求。经第三方技术转移机构进行知识产权价值评估，"一种检测甘胆酸的荧光增强免疫分析方法及免疫试剂盒"等6件专利所有权及技术成果以合同金额100万元成功实现转化。成果收益分配中，85%归属于项目团队及个人，15%归属于学校。甘胆酸测定试剂盒由于简单、快速、灵敏和廉价的特点，可以同时在大城市和偏远地区投入使用，解决落后地区医疗资源分布不均的问题；同时，为企业找到新的利润增长点，投入市场后，预计年产1亿套，将实现销售收入20亿元。（源自2019年度报告）

5. 广东省农业科学院

不育系"粤晶1S等优质水稻新品种"——以1000万元独占开发权转让

广东省农业科学院水稻研究所经过多年研究，培育出不育系"粤晶1S"及苗头不育系"台早1S""台S"和"沃S"优质水稻新品种。四川台沃种业有限责任公司通过该研究所组织召开的品种观摩会了解到该系列成果，经过深入考察决定开发这4个新品种。为加快新品种的开发，研究所以1000万元将以上不育系的独占开发权转让给四川台沃种业有限责任公司。扣除相关税费和成本后，该项成果转让净收益为847万元，研究所按以下比例对成果转让收益进行了分配：上缴广东省农业科学院（5%）、留研究所发展基金（14%）、奖励主要成果研发和转化团队成员（65.5%，共29人）、奖励研究所其他人员（15.5%，共62人）。（源自2017年度报告）

6. 中国科学院深圳先进技术研究院

"超声诊疗一体化的 PLGA 杂合载阿霉素微泡药物"——专利转让+后续临床试验研究，突破药物可视化和肿瘤定点给药结合的医药产业发展新方向

中国科学院深圳先进技术研究院经过 4 年的研究，研发出关于超声诊疗一体化的 PLGA 杂合载阿霉素微泡药物。该药物抗肿瘤的阿霉素药物包裹于具有自主知识产权的 LipidPLGA 杂合微泡的内部，具有超声造影成像的功能，不仅可用于体内肿瘤的成像识别，还可实现药物在体内及肿瘤部位的实时成像示踪；还具有超声响应爆破释放药物的功能，可实现超声影像引导下爆破肿瘤内载药微泡定点释放药物；以及可产生超声空化效应，增强药物在肿瘤部位的渗透。此成果通过多种方式与广州康臣药业有限公司实现联合转化，其中 8 项专利成果作为背景知识产权转让给企业，转让合同金额为 500 万元，同时签订 500 万元技术开发合同进行后续临床试验研究。该成果首次将药物的可视化和肿瘤定点给药结合起来进行药物的产业化开发，在全球处于领先水平，将大大推动我国在生物医药领域的发展。（源自 2019 年度报告）

"基于超声辐射力的深部脑刺激与神经调控仪器研制项目"——5000 万元专利转让+5000 万元作价入股，转化成果为脑科学研究提供革新性工具和手段

"基于超声辐射力的深部脑刺激与神经调控仪器研制"是经国家自然科学基金委员会批准，由中国科学院深圳先进技术研究院主持承担的国家重大科研仪器设备研制专项。该专项将为阿尔茨海默病、帕金森病、抑郁症等脑疾病治疗和脑科学研究提供革新性新工具与新手段，并最终应用于临床。作为中国科学院深圳先进技术研究院在世界首创的超声脑调控方法及验证系统，该项目基于超声波在特定声学条件下能控制神经元电活动的新原理，研制由大规模万阵元面阵超声辐射力发生器等一系列核心部件组成的新型仪器系统，从而对大脑深部及脑内全空间神经开展毫米级无创精准的刺激与调控，具有重大科学价值与医学价值，并有望给全球数以亿计的大脑及神经精神疾病患者带来福音。该成果以 5000 万元转让给上海绿谷制药有限公司，同时又以 5000 万元作价入股与上海绿谷制药有限公司成立了新公司，占股 33.4%，其中 16.7% 由该研究院资产管理公司持股，16.7% 奖励给专利发明团队。（源自 2018 年度报告）

"智慧工地管理项目"——以专利作价入股、转让等不同方式与多家公司合作，取得良好的社会效益和经济效益

中国科学院深圳先进技术研究院经过 3 年的实验室技术研究和产业化应用研究，利用先进人工智能算法和数字化建设的平台方法，通过信息化和智能化手段，结合物联网技术、大数据分析以及人工智能技术，与建筑信息模型（BIM）协同，搭建出智慧工程监管云平台系统。该系统针对住建部门和劳务部门等政府部门的管理，施工单位的安全生产和人员管理，以及业主单位施工进度管理和质量监控等不同层次的需求，设计结合了高并发能力的大数据平台和强智能的人工智能视觉识别算法在内的软硬件集成信息化云平台软件产品，实现了施工工地现场的"人—机—物—法—环"的数据采集融合管理与智能化分析，实现了快速、准确、全面地理解和监控复杂的施工现场与施工过程，大幅度提高了施工管理效率，最大限度地保证了施工人员的安全生产，具有广阔的市场空间和巨大的社会效益和经济效益。智慧工作管理平台相关成果的10件专利以1500万元作价入股方式出资至深圳市中科数建科技有限公司；4件专利以转让方式转化至深圳市民信惠科技服务有限公司。目前相关成果已经在深圳市多个工地投入了使用，在工程的远程化和智慧化管理方面取得了良好的效果。（源自2020年度报告）

第 3 章 许可方式情况

科技成果许可，是指以许可使用等方式进行科技成果转化。本章以 2020 年为报告基准年展开分析论述，分析科技成果许可方式 2020 年与 2019 年的同比情况、"十三五"期间的纵向对比情况，以及高等院校与科研院所不同许可主体之间的对比情况、广东省与全国的横向对比情况等，并提供一些科技成果许可典型案例，使读者对科技成果许可的总体情况有系统性了解。

3.1 总体规模

2020年,高校院所以许可方式转化科技成果的收入金额达 3.02 亿元,同比下降 40.48%,全国则实现 41.0%的正增长;合同项数为 276 项,同比下降 27.82%,全国则实现 34.5%的正增长;平均合同金额为 109.29 万元,比 2019 年下降 17.54%,低于全国的 110.7 万元。

"十三五"期间,5 年存续单位以许可方式实现科技成果转化的年度收入金额波动较大(见图 3-1),2019 年最高,达 4.97 亿元;合同项数和平均合同金额也是 2019 年最高,如图 3-2 和图 3-3 所示。可见,2019 年的许可项目实现"量""质"齐飞。

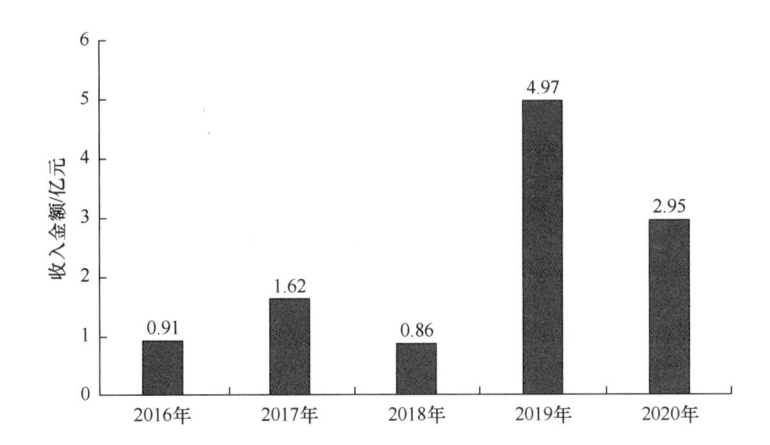

图 3-1 "十三五"期间广东省高校院所年度许可收入金额

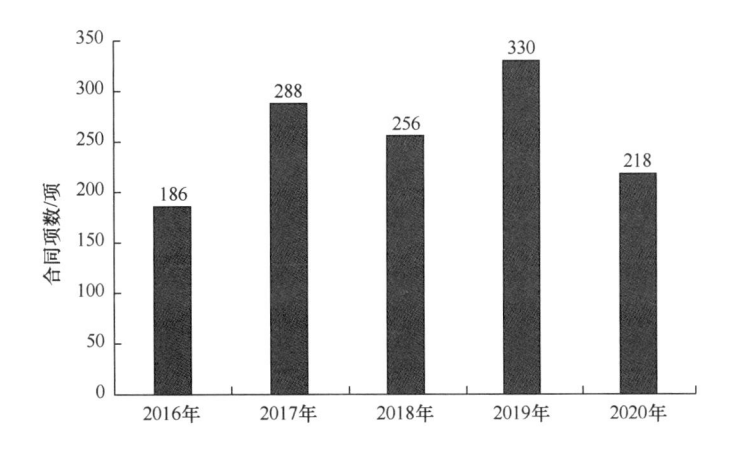

图 3-2 "十三五"期间广东省高校院所年度许可合同项数

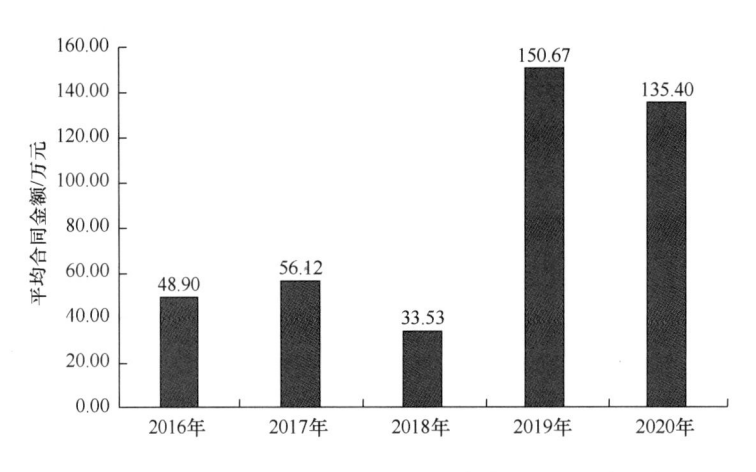

图 3-3 "十三五"期间广东省高校院所年度许可平均合同金额

专栏：全国横向对比情况

2020年，广东省与湖南省、河南省、山东省均有3家高校院所进入全国以技术许可方式转化科技成果合同金额前100名，排名并列第7位，前6位分别是北京市（23家）、江苏省（11家）、上海市（9家）、辽宁省（6家）、四川省（6家）、天津市（5家）、浙江省（5家）、陕西省（4家）、重庆市（4家）；其中暨南大学排名第7位，排名第1位的上海交通大学合同金额是其3.19倍。从前100名中各省（自治区、直辖市）的总合同金额来看，广东省的合同金额占前100名总合同金额的4.47%，排名第6位，排名前5位的分别是上海市、北京市、湖南省、辽宁省、江苏省。在以上省（自治区、直辖市）中，上海市有5家、北京市有4家单位的合同金额高于这100家单位的平均合同金额，江苏省、浙江省、天津市、广东省、四川省、辽宁省、湖南省、河南省各有1家。

2019年，全国有13家单位以许可方式转化科技成果合同金额超过1亿元，其中暨南大学排名第1位，合同金额为4.3亿元。

3.2 高等院校和科研院所对比情况

2020年，高等院校以许可方式转化科技成果的收入金额达2.66亿元，同比下降42.98%；合同项数为161项，同比下降15.26%；平均合同金额为165.20万元，同比下降32.71%。2020年，科研院所以许可方式转化科技成果的收入金额达0.36亿元，同比下降11.57%；合同项数为115项，同比下降40.31%；平均合同金额为31.03万元，同比增长 48.16%。由此可见，高等院校以许可方式转化收入金额、平均合同金额都远高于科研院所。

基于 5 年存续单位许可项目情况的分析，整个"十三五"期间科研院所无论是收入金额、合同项数还是平均合同金额的年度趋势都较为平稳，而高等院校则在 2019 年和 2020 年，在合同项数相对接近的情况下，收入金额和平均合同金额与科研院所拉开了很大的距离（见图 3-4～图 3-6）。由此可见，这两年高等院校在高价值许可项目方面取得了很大的进展。如表 3-1 所示，2019 年和 2020 年暨南大学、华南理工大学的年度总收入都进入了前 10 名，其中暨南大学两年许可收入都破亿元，势头强劲。广东省农业科学院同样表现出色，无论是收入金额排名还是合同项数排名都各占了 4 席（见表 3-1、表 3-2），表明农业科技成果的转化方式以许可方式居多。

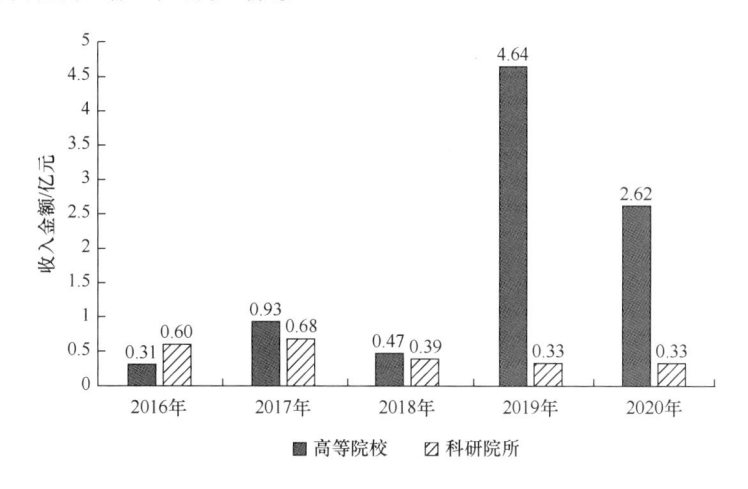

图 3-4 "十三五"期间广东省高校院所年度许可收入金额对比情况

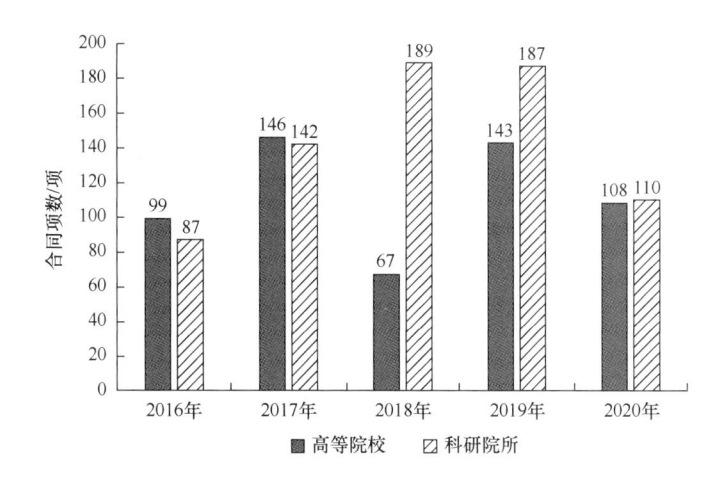

图 3-5 "十三五"期间广东省高校院所年度许可合同项数对比情况

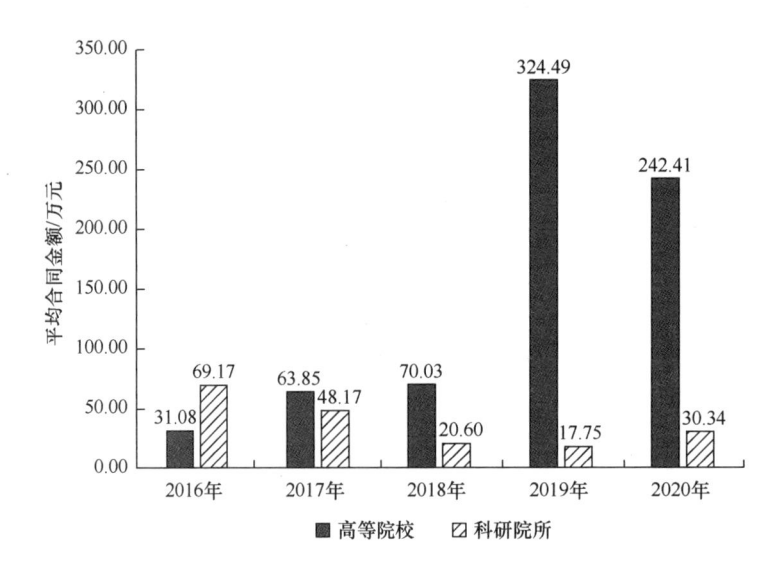

图 3-6 "十三五"期间广东省高校院所年度许可平均合同金额对比情况

表 3-1 "十三五"期间广东省高校院所年度以许可方式转化科技成果收入金额前 10 名单位

排　名	单 位 名 称	收入金额/万元	年　度
1	暨南大学	42790	2019 年
2	暨南大学	20250	2020 年
3	华南理工大学	8676.61	2017 年
4	广东省农业科学院	5888.87	2017 年
5	广东省农业科学院	5440.92	2016 年
6	华南理工大学	5073.08	2020 年
7	广东省农业科学院	3196.60	2018 年
8	广东省农业科学院	2715.02	2019 年
9	华南理工大学	2580.41	2016 年
10	华南理工大学	2055.20	2019 年

表 3-2 "十三五"期间广东省高校院所年度以许可方式转化科技成果合同项数前 10 名单位

排　名	单 位 名 称	合同项数/项	年　度
1	华南理工大学	130	2017 年
2	广东省农业科学院	122	2019 年
3	广东省农业科学院	119	2018 年
4	广东省农业科学院	113	2017 年
5	华南理工大学	111	2019 年
6	华南理工大学	75	2016 年
7	华南理工大学	73	2020 年

（续表）

排　名	单位名称	合同项数/项	年　度
8	广东省农业科学院	72	2016 年
9	广东省科学院	49	2018 年
10	佛山职业技术学院	46	2020 年

专栏：典型案例

1. 暨南大学

创新抗肿瘤药物 JND32066 项目——1 亿元的许可费+1.5%的销售提成

TRK 融合癌症可能出现在多种成人和儿童实体瘤中，目前 TRK 抑制剂出现的耐药性问题仍是临床治疗的一大挑战。暨南大学丁克教授开发的新型 TRK 抑制剂 JND32066 能强效机制 TRKA、TRKB 和 TRKC 激酶活性，在生物活性和靶标选择性方面与现有抑制剂药物相比均具有显著的优势。该项目成果转化落地，将给肿瘤患者带来福音，并提升国家生物医药产业水平。该成果经学校科技成果转化咨询委员会论证，由技术转移中心根据《暨南大学加快科技成果转化实施方案》及相关办事流程等，以实施许可的方式转移转化至广州市力鑫药业有限公司进行临床前及药物临床研究，转化收益为 1 亿元和后续 1.5% 的销售提成，获得的科技成果转化收益 85% 奖励给成果完成人团队，15% 留归学校（其中，5% 奖励给所在院级单位）。（源自 2020 年度报告）

一类创新药物 JAK3 抑制剂合作开发项目——1 亿元的许可费+2%的销售提成

JAK 是热门的靶向疗法靶点之一，包括辉瑞、礼来、诺华、艾伯维等均有重点开发。暨南大学丁克教授与广州市力鑫药业有限公司联合开发的新型 JAK3 选择性抑制剂不仅在 JAKs 家族成员内展现出优秀的激酶、细胞选择性抑制，在对人类基因组 430 个激酶筛选中也体现出极高的选择性，其通过科技成果合作开发，能给肿瘤患者带来福音，并提升国家生物医药产业水平。该科研成果以许可的方式转移转化至上海海和药业进行临床前及药物临床研究，转化合同金额为 1 亿元和后续 2% 的销售提成，获得的科技成果转化收益 85% 奖励给成果完成人（团队），15% 留归学校（其中，5% 奖励给所在院级单位）。（源自 2020 年度报告）

2. 华南理工大学

"冷场等离子体放电辅助高能球磨粉体装置"——有力助推新材料产业发展

由朱敏教授领衔的广东省先进储能材料重点实验室的科研团队首次创造性地将冷场等离子体引入机械球磨过程，克服了常压等离子体放电间距/面积很小、放电不稳定、电极易击穿等关键问题，其获得的发明专利"冷场等离子体放电辅助高能球磨粉体装置"首先以许可方式与企业合作，共同组建了"等离子球磨装备及新材料开发"项目团队，开发出分别适用于高校、研究所的实验室级设备和适用于企业的工业生产级设备，进行推广使用；其次，基于等离子球磨设备在全国范围内所建立的终端用户群，与用户一起提出新材料解决方案；最后，与多家材料、能源和化工企业合作，开展等离子球磨技术制备新材料的企业中试和新材料的产业化。其所开发的等离子球磨机销售到100多家高校（包括6个院士团队）和企业（多家行业龙头企业）；基于该技术开发出一批具有实用前景的新材料，包括硬质合金、锂离子电极材料、储氢合金、隐身材料、导热材料、3D打印材料、玻璃材料、电催化剂、固废材料处理等。最终形成了围绕"科研设备—新材料方案—企业中试—材料产业化"的校企合作新模式。转移转化过程中利用产学研合作、政府项目支持、专利布局等手段提升转化能效，成功推动技术产业化项目落地，取得良好的社会效益和经济效益。2017—2021年，与实施单位以协议定价方式签订普通许可合同，专利许可合同金额449万元，加上基于等离子球磨技术的新材料开发费用（企业横向）405万元，学校合计收益854万元。该专利转让收入主要用于发明人课题组后续研发支撑和发明人奖励，其中转化收入的95%用于发明人课题组后续研发投入。（源自2020年度报告）

3. 华南农业大学

"水稻生产机械化关键技术与装备"——专利许可+配套技术，合作多家企业推进水稻种植全程机械化

华南农业大学罗锡文院士团队以机械精量穴直播为核心，创新性地提出了同步开沟起垄穴直播、同步开沟起垄施肥穴直播和同步开沟起垄喷药/膜穴直播的"三同步"水稻机械化精量穴直播技术，成功研发了水稻精量水穴直播机和水稻精量旱穴直播机两大类共15种机型，构建了由26件发明专利和8件实用新型专利组成的专利池。该系列专利分别打包并配套相关生产、应用实施技术体系，许可给上海世达尔现代农机有限公司、

河南豪丰机械制造有限公司等公司，并按照机器销售额进行技术提成。技术提成收益的50%用于奖励科研人员，30%留归学校和学院，20%用于课题组科研再投入。该成果目前已在国内26个省（自治区、直辖市），以及泰国等6个国家推广应用，许可企业已生产销售近2000台机器，累计产值达1.5亿元以上，与人工撒播相比，每亩（1亩≈666.67平方米）增产10%以上、增收100元以上；与人工和机械插秧相比，每亩节约成本100元以上，为进一步提高我国水稻种植机械化水平，实现水稻生产全程机械化做出了巨大贡献。（源自2019年度报告）

第4章 作价投资方式情况

科技成果作价投资，是指以技术折算一定价值对外投资的科技成果转化，包括以专利作价入股、以技术作价投资创设新公司、以技术作价投资参股公司等方式。近年来，作价投资成为部分单位大额合同科技成果转化的主要方式。本章以2020年为报告基准年展开分析论述，通过对科技成果作价投资方式2020年与2019年的同比情况、"十三五"期间的纵向对比情况、高等院校与科研院所不同作价投资主体之间的对比情况、广东省与全国的横向对比情况进行分析，系统性、多层次为读者展现科技成果作价投资情况。另外，本章提供科技成果作价投资典型案例，以数据统计分析加案例呈现的方式加深读者对科技成果作价投资方式的理解。

第4章 作价投资方式情况

4.1 总体规模

2020年，高等院校和科研院所以作价投资方式转化科技成果的收入金额达 3.95 亿元，同比下降 62.40%，全国则实现 26.4%的正增长；合同项数为 68 项，同比下降 30.21%，下降幅度大于全国的 4.5%；平均合同金额为 580.98 万元，比 2019 年下降 46.13%，低于全国的 1335.4 万元。

"十三五"期间，5 年存续单位以作价投资方式实现科技成果转化的年度收入金额以 2019 年为最高，其余年份基本持平，并且都不到 2019 年的 50%，如图 4-1 所示；合同项数也是 2019 年最高，如图 4-2 所示；但平均合同金额 2016 年最高，达 1714.89 万元，2017 年也较高，达 1432.39 万元，如图 4-3 所示。总体而言，作价投资项目的数量不多，每年只有几十项，但平均合同金额都很高，所以年度总收入的波动主要取决于当年项目的多少。

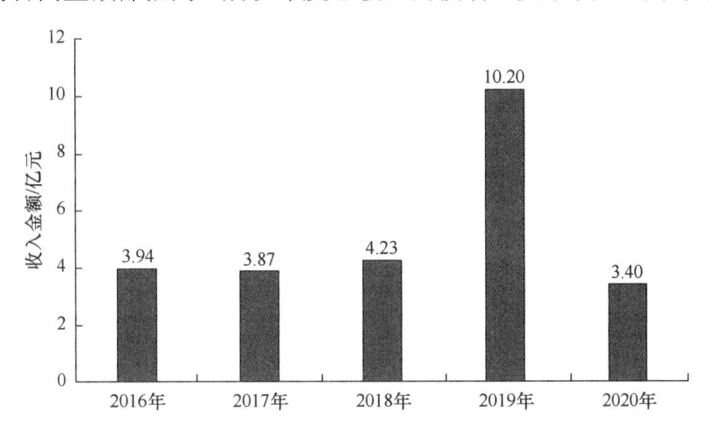

图 4-1 "十三五"期间广东省高校院所年度作价投资收入金额

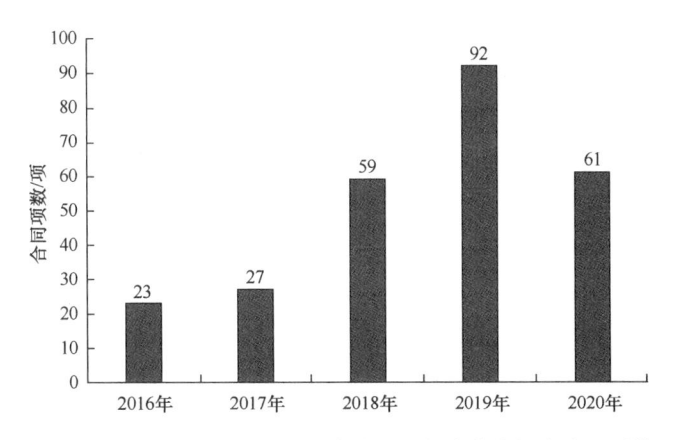

图 4-2 "十三五"期间广东省高校院所年度作价投资合同项数

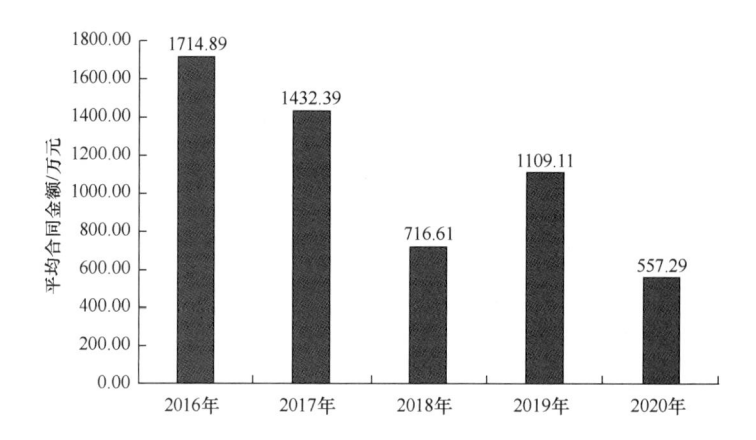

图 4-3 "十三五"期间广东省高校院所年度作价投资平均合同金额

4.2 高等院校和科研院所对比情况

2020 年，高等院校以作价投资方式转化科技成果的收入金额达 1.65 亿元，同比下降 61.91%；合同项数为 16 项，同比下降 67.35%；平均合同金额为 1034.15 万元，同比增长 16.66%。2020 年，科研院所以作价投资方式转化科技成果的收入金额达 2.30 亿元，同比下降 62.77%；合同项数为 52 项，同比增长 8.51%；平均合同金额为 441.54 万元，同比下降 65.69%。由此可见，高等院校以作价投资方式转化科技成果的收入金额低于科研院所，但平均合同金额远高于科研院所，为其 2.34 倍。

整个"十三五"期间，在收入金额和合同项数方面，高等院校与科研院所在各年度各有高低，如图 4-4、图 4-5 所示，但在平均合同金额方面，除 2019 年外，2016—2018 年

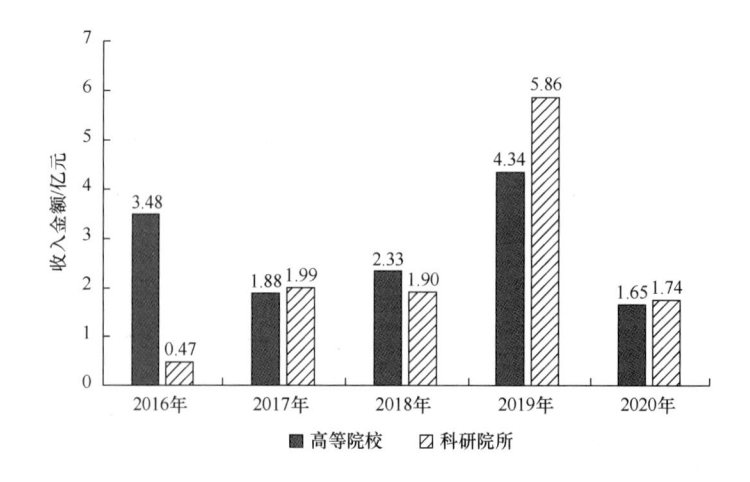

图 4-4 "十三五"期间广东省高校院所年度作价投资收入金额对比情况

及 2020 年高等院校都高于科研院所，尤其是 2016 年，为其 9.68 倍，如图 4-6 所示。此外，根据收入总额前 10 名排名表（见表 4-1），高等院校与科研院所分别占 6 席与 4 席，其中，中国科学院深圳先进技术研究院和南方科技大学各占 4 席，可见两者在参股或创设项目公司方面走在广东省前列。而根据合同项数前 10 名排名表（见表 4-2），科研院所占了 7 席，中国科学院深圳先进技术研究院更占了其中的 3 席。

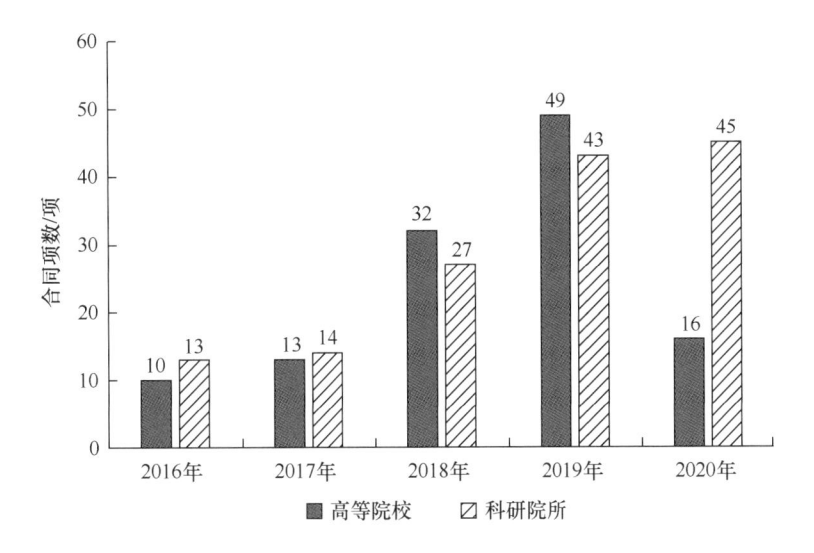

图 4-5 "十三五"期间广东省高校院所年度作价投资合同项数对比情况

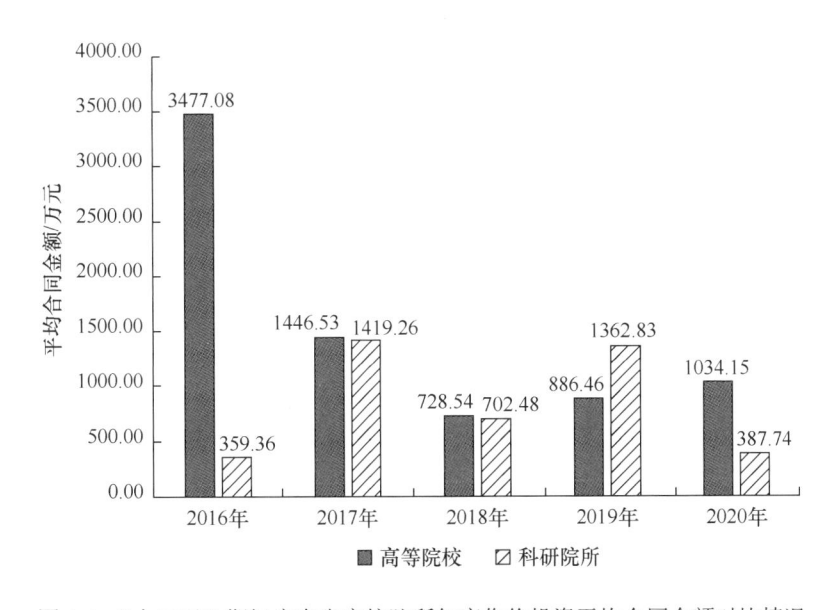

图 4-6 "十三五"期间广东省高校院所年度作价投资平均合同金额对比情况

表 4-1 "十三五"期间广东省高校院所年度以作价投资方式转化科技成果收入前 10 名单位

排 名	单 位 名 称	收入金额/万元	年 度
1	中国科学院深圳先进技术研究院	49038.32	2019 年
2	南方科技大学	33361.66	2019 年
3	南方科技大学	23166.68	2016 年
4	南方科技大学	16332	2017 年
5	中国科学院深圳先进技术研究院	13391.99	2020 年
6	华南理工大学	10789.14	2018 年
7	中国科学院深圳先进技术研究院	9916.67	2018 年
8	南方科技大学	9312.5	2020 年
9	中国科学院深圳先进技术研究院	8710	2017 年
10	清华大学深圳国际研究生院	7246.02	2018 年

表 4-2 "十三五"期间广东省高校院所年度以作价投资方式转化科技成果合同项数前 10 名单位
（此处项数相同的单位排名按作价金额排名，项数前 10 名多出 1 家单位）

排 名	单 位 名 称	合同项数/项	年 度
1	中国科学院深圳先进技术研究院	24	2020 年
2	华南师范大学	22	2019 年
3	中国科学院深圳先进技术研究院	18	2019 年
4	南方科技大学	15	2019 年
5	华南理工大学	10	2018 年
6	广东省农业科学院	10	2019 年
7	广东省科学院	10	2019 年
8	广东省农业科学院	9	2020 年
9	中国科学院深圳先进技术研究院	8	2018 年
10	深圳大学	8	2018 年
11	广东省科学院	8	2020 年

专栏：典型案例

1. 华南理工大学

"芳纶纸技术"——作价入股创办高科技公司，成为高性能蜂窝纸唯一定点供货单位

华南理工大学依托制浆造纸工程国家重点实验室，从 2002 年起开展芳纶材料研究，

成功研发出以芳纶纤维、PBO 纤维、碳纤维、碳纳米管等高性能纤维为原材料制备高性能纸基复合材料的关键技术，学校以该"芳纶纸项目"相关成果作价 6684 万元与株洲时代新材料科技股份有限公司、株洲中车时代高新投资公司共同成立合资公司，公司注册资本 2.67 亿元，学校占注册公司总股份的 25%。为激励项目研发团队，学校将所持股份的 80%，即合资公司股份的 20%直接奖励给成果完成人团队。合资公司生产的高性能对位芳纶纸其强度模量大幅超越现有的技术体系，达到波音公司高模量蜂窝材料标准，年产能可达 1000 吨，预计年产值 3 亿～5 亿元。该材料是航空、航天、轨道交通结构减重关键材料，彻底打破杜邦公司的垄断，成为高性能蜂窝纸唯一定点供货单位，并已在大型飞机、磁悬浮、高铁、地铁、虚拟轨道交通开展示范验证，部分零部件已开始成功运用，产业化发展前景十分广阔。（源自 2017 年度报告）

"脑机协同"技术——学校获得合资公司股权的 88.02%

"脑机协同"技术通过采集大脑电信号，并对其进行实时处理分析，得到反映大脑意图的控制指令，进而控制外部设备。该技术可以用于残疾人功能辅助与康复，也可以用于正常人娱乐、认知功能改善等。华南理工大学相关研发团队从事系列研究 10 多年，积累了一大批技术成果，如意识检测与辅助诊断脑机交互系统、面向高位截瘫的脑机协同环境控制系统等，部分技术已经进入临床试用，处于国内领先、国际先进地位。经第三方评估机构评估，该项技术成果由学校以 21 件技术专利合计作价出资 3676.87 万元，投资方（安徽讯飞云创科技有限公司）以现金形式出资 500 万元，投资总额共计 4176.87 万元，在广州共同设立合资公司，开展"脑机协同"技术研发及示范，实现产业化，学校获得合资公司股权的 88.02%。学校将所得股份的 85%（合资公司的 74.82%，约 3125.34 万元）奖励给技术完成人团队。应用脑机接口技术转化的科技成果通过解码大脑活动信号获取思维信息，实现人脑与外界的直接交流，帮助患者表达各种需求，护理的家属也可以及时获知患者的需求进而辅助他们，让患者得到了更有针对性的康复治疗，有助于提高肢体残障人士、失能老人、中风、渐冻症等病患的生活质量，降低看护负担。同时，该技术的产业化有助于学校布局人工智能学科发展，响应大湾区人工智能规划，创新驱动发展战略。（源自 2020 年度报告）

2. 暨南大学

"纳米硒技术"——落实技术入股改革试点，推动纳米硒多产业链应用

暨南大学陈填烽教授团队依托基因工程药物国家工程研究中心、广东省纳米化学创新药物工程技术研究中心等平台，经过多年的潜心研究，成功掌握纳米药物设计合成、靶向修饰、活性筛选及机理分析等关键技术。该项成果采用成立产业化公司并以技术入股的方式进行转化，该项成果作价450万元，占产业化公司股份的45%，其中，38.25%的股份奖励给成果完成人团队，6.75%的股份划归学校，并由学校科技园管理有限公司代持。产业化公司的成立，可推动陈填烽教授团队关于纳米硒在生物医药、肿瘤靶向药物的化学设计、纳米药物的诊疗应用方面的研究成果落地转化，可实现肿瘤靶向性纳米放疗增敏剂药物的生产和上市，给肿瘤患者带来福音；同时，可快速推进纳米硒在生物医药、保健品、食品及农业上的应用，突破国外同类产品的技术和知识产权壁垒。（源自2018年度报告）

3. 中山大学

"智能交通技术"——学校以知识产权作价同比例增资，扶持控股企业加快发展

2016年，佳都新太科技股份有限公司增资7000多万元至中山大学控股企业广东方纬科技有限公司，中山大学将智能交通相关的10余项知识产权作价800万元同比例增资，以维持学校原有的持股比例。广东方纬科技有限公司是一家专注于智慧交通产品的企业，公司成立于2003年，前身为广州市方纬交通科技有限公司，公司研发团队立足于智能交通这一朝阳产业，围绕交通拥堵与交通污染两大交通核心问题，从交通大数据的视角，开展智能交通系统核心、平台性关键技术体系研究，目前公司已为行业和政府部门提供了大量的相关整体解决方案。（源自2016年度报告）

"水质遥感技术"——作价入股产业化公司，助力水环境治理

中山大学邓孺孺教授团队研发的卫星遥感对水环境检测技术在国内处于领先水平，聚光科技有限公司了解到该项技术后，找到邓孺孺教授团队，希望由研发团队出资、采取技术入股的方式实现成果转化。学校以相关水质遥感技术（3项知识产权）作价525万元入股该技术的产业化公司，形成股权后，由学校产业集团代表学校持有项目公司股份，并以分割股权的方式将70%股权奖励给发明人团队。该项技术的产业化应用对强化水环境的有效监测、促进水环境治理、加强水资源保护具有重要的意义。（源自2017年度报告）

4. 东莞深圳清华大学研究院创新中心

"发酵法生产1,3-丙二醇相关专利"——解决PTT聚合的卡脖子材料问题

清华大学刘德华教授技术团队7人历经20年成功研发了第三代发酵法生产PDO工艺

"糖+甘油多原料 PDO 发酵技术"核心专利。该成果采用知识产权作价入股的方式实现转化,通过专业资产评估事务所价值评估,最终以技术作价 1542 万元入股广东清大智兴生物技术有限公司。作价形成的股份由研究院占股 30%,其余 70%由技术团队 7 人占股。1,3-丙二醇(英文简称 PDO)作为一种重要的化工原料,能用于高分子材料 PTT、药品及化妆品的合成,也可作为有机溶剂应用于油墨、印染、涂料、润滑剂、抗冻剂等行业,产品具有应用广泛、市场需求旺盛的特点,具备良好经济效益。同时,1,3-丙二醇(PDO)的规模化生产对于打破美国垄断,解决 PTT 聚合的"卡脖子"材料问题,带动广东省高端纺织服装行业的规模化生产具有重要作用。(源自 2020 年度报告)

5. 深圳大学

"纳米光操纵技术"——以知识产权作价增资入股科技公司

深圳大学光电工程学院袁小聪教授领导的团队自 2017 年起历时一年研发纳米光操纵技术,获得 6 项专利技术成果,该系列研究成果以知识产权作价增资入股方式转化到深圳市深光谷科技有限公司,通过"技术+资本"的融合,实现了科技成果转化。在学校技术转化中心的协助下,该项目由资产评估公司进行专业资产评估,在不低于评估价的基础上确定协议转让费为 2333 万元(项目合同金额),占受让方总股权的 70%。按照学校科技成果转化相关规定,知识产权作价增资入股部分,学校占 20%,科研团队占 80%,目前股份配置已经完成,学校占公司股 14%,科研团队占公司股 56%。该成果对基于 SERS 技术的相关研究领域具有极大的潜在应用价值,市场前景广阔。(源自 2018 年度报告)

6. 南方科技大学

"防伪及超构表面等制备方法"——解决国内高端模板依赖进口的行业问题

2018 年,南方科技大学以"防伪结构和防伪产品及其制造方法""一种基于纳米压印的光学超构表面制备方法"等技术成果作价 160 万元出资参股深圳南科构彩科技有限公司,获得公司 80%的股权。该公司通过为手机终端厂商如 vivo、OPPO、小米、华为等提供定制化服务,设计加工出符合客户需求的机构色模板,现已承接研发项目 30 多个。在转化收益分配中,根据学校成果转化相关规定,南方科技大学将获得公司全部股权中的 70%奖励给成果发明团队,即团队获得公司 56%的股权。近年来,手机后盖产生颜色主要采用结构色彩贴膜的方法,珠三角地区主流手机厂家对绚丽的结构色彩贴膜需求巨大。国内手机出货量超过 6 亿部,其中大部分集中在珠三角地区。深圳南科构彩科技有限公司制造结构色模板带动了珠三角地区上下游产业的发展，提高了行业生产效率，产生了巨大的经济效益；并解决了国内高端模板依赖进口的行业问题，避免被国外牵制，有利于行业自主创新发展。（源自2018年度报告）

7. 华南协同创新研究院

"低弹性模量钛基颌骨植入体及其制备方法"——新型研发机构以"技术股+现金股"组合形式持有转化企业股份的实践模式

华南协同创新研究院结合颌骨修复个性化设计和多孔支架结构设计，研发出低弹性模量钛基颌骨植入体及其制备方法，以知识产权作价入股东莞唯信三维科技有限公司，占股13.3%，产生经济价值40万元。在13.3%的整体股权中，东莞华工协同创新科技发展有限公司（投资方为华南协同创新研究院）以专利和技术作价120万元出资及现金出资27万元，持有49%的股权；广州市天湟科学仪器有限公司以现金出资153万元，持有51%的股权。在成果转化收益分配中，除广州市天湟科学仪器有限公司以现金出资持股51%外，东莞华工协同创新科技发展有限公司以27万元现金出资及92万元专利和技术出资持股39.7%，3名相关研究人员以专利和技术分别出资16.8万元、8.2万元、3万元，对应持股5.6%、2.7%、1%。该成果用于颌骨缺损患者的治疗，既可以满足患者的个性化需求，同时可以降低弹性模量，解决了传统颌骨植入体的应力集中和应力屏蔽问题，缩短了制备时间，降低了加工难度，并降低了生产成本，市场前景广阔；同时，该项目为新型研发机构以"技术股+现金股"组合形式持有转化企业股份提供了实际参考模式。（源自2018年度报告）

第 5 章　产学研方式情况

根据《国务院关于印发实施<中华人民共和国促进科技成果转化法>若干规定的通知》（国发〔2016〕16 号），国家设立的研究开发机构、高等院校应当按照规定格式报送科技成果转化年度报告，报告内容应包括签订技术开发合同、技术咨询合同、技术服务合同等产学研合作情况。《财政部 科技部关于研究开发机构和高等院校报送科技成果转化年度报告工作有关事项的通知》（财科教〔2018〕32 号）指出，产学研合作情况主要是指技术开发、咨询、服务 3 种方式的技术活动。研究发现，广东省产学研合作收入总额节节攀升，已成为广东省科技成果转化的主流方式。

5.1 总体规模

2020年,广东省高校院所以产学研方式(收入技术开发、咨询、服务)转化科技成果的收入金额达 67.64 亿元,同比增长 6.32%,低于全国的 9.3%;收入金额占所有转化方式总合同金额的 86.86%,高于全国的 83.9%;合同项数达 131202 项,同比增长 4.36%,低于全国的 5.3%,合同项数占所有转化方式总合同项数的 98.99%,高于全国的 95.5%;平均合同金额为 5.16 万元,低于全国的 23.6 万元,同比增长 1.88%,低于全国增速 3.9%。

整个"十三五"期间,5 年存续单位的年度产学研合作收入总额节节攀升,如图 5-1 所示;合同项数呈 N 字形曲线,如图 5-2 所示;平均合同金额则呈高低起伏状态,如图 5-3 所示。总体而言,"十三五"期间高校院所产学研收入稳步提升,平均合同金额受合同项数的大幅波动影响而呈现较大的年度差距。

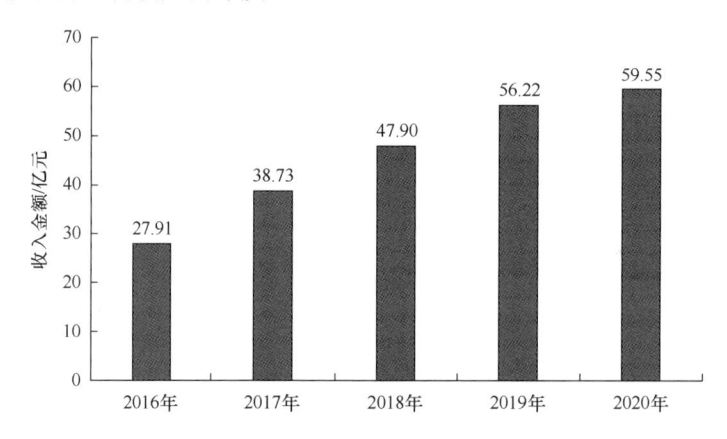

图 5-1 "十三五"期间广东省高校院所年度产学研收入金额

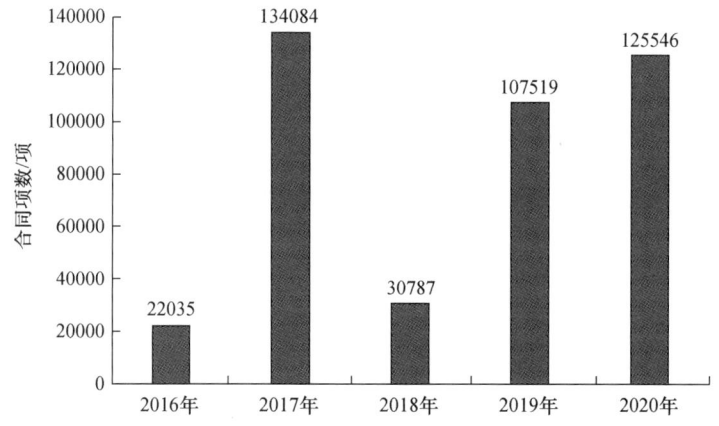

图 5-2 "十三五"期间广东省高校院所年度产学研合同项数

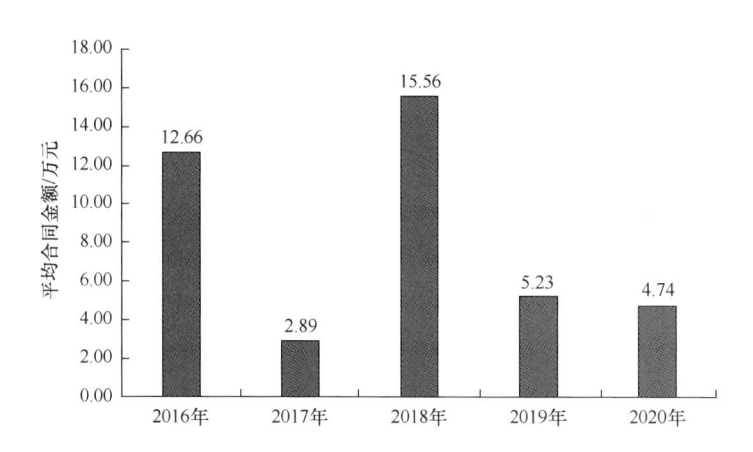

图 5-3 "十三五"期间广东省高校院所年度产学研平均合同金额

专栏：全国横向对比情况

2020 年，从各省（自治区、直辖市）辖区内以产学研合作方式转化科技成果的合同金额排名来看，广东省排名第 3 位，合同金额占全国的 7.21%。排名第 1 位的北京市合同金额为广东省的 2.91 倍，排名第 2 位的江苏省合同金额为广东省的 1.61 倍。从合同金额前 100 名中各省（自治区、直辖市）单位数来看，广东省有 7 家入围，排名第 4 位，其中华南理工大学排名第 11 位，排名第 1 位的北京理工大学合同金额是其 2.17 倍，广东省科学院则排名第 15 位。排名前 3 位的省（自治区、直辖市）分别是北京市（23 家）、江苏省（15 家）、上海市（8 家）。从前 100 名中各省（自治区、直辖市）的总合同金额来看，广东省总合同金额占前 100 名总合同金额的 6.54%，排名第 4 位，排名前 3 位的分别是北京市、江苏省、上海市。在以上省（自治区、直辖市）中，江苏省、北京市、广东省、上海市分别有 7 家、6 家、2 家、2 家单位的合同金额高于这 100 家单位的平均单位合同金额。

2019 年，从各省（自治区、直辖市）辖区内以产学研合作方式转化科技成果的合同金额排名来看，广东省排名第 3 位，排名第 1 位的北京市合同金额为广东省的 2.50 倍，排名第 2 位的是江苏省。在全国各省（自治区、直辖市）辖区内高校院所签订的产学研合作合同项数中，广东省排名第 1 位，排名第 2 位、第 3 位的分别是北京市、浙江省。全国高校院所产学研收入金额前 100 名中，广东省有 8 家入围，其中，华南理工大学排名第 8 位，暨南大学排名第 10 位。

2018 年的情况与 2019 年十分相似，广东省合同金额在各省（自治区、直辖市）中同样排名第 3 位，排名第 1 位的北京市合同金额为广东省的 2.75 倍，排名第 2 位的同样是江苏省。但在签订合同项数方面，广东省排名第 2 位，排名第 1 位的是北京市，排名第

3位的则是浙江省。

2017年的情况与2019年更相似，广东省合同金额排名第3位，排名第1位的还是北京市，合同金额是广东省的3.07倍，排名第2位的同样是江苏省。在签订合同项数方面，广东省排名第1位，北京市排名第2位，江苏省排名第3位。

5.2 高等院校和科研院所对比情况

2020年，高等院校以产学研方式转化科技成果的收入金额达35.49亿元，同比下降2.89%；合同项数为10741项，同比下降9.11%；平均合同金额为33.04万元，同比增长6.85%。2020年，科研院所以产学研方式转化科技成果的收入金额达32.16亿元，同比增长19.28%；合同项数为120461项，同比增长5.73%；平均合同金额为2.67万元，同比增长12.82%。由此可见，高等院校以产学研方式转化科技成果收入金额与平均合同金额均高于科研院所，平均合同金额为其12.38倍。

"十三五"期间的情况与2020年相似，5年存续单位的产学研年度总收入与平均合同金额，高等院校都远远高于科研院所；合同项数反之，科研院所都高于高等院校，并且在2017年、2019年、2020年3个年度是其10余倍，如图5-4~图5-6所示。进一步分析"十三五"期间收入金额与合同项数前10名排名表（见表5-1和表5-2），在收入总额前10名中，高等院校占了7席；在合同项数前10名中，科研院所占了9席。其中，华南理工大学的收入金额与广东省科学院的合同项数都分别占了前4位，表现亮眼。

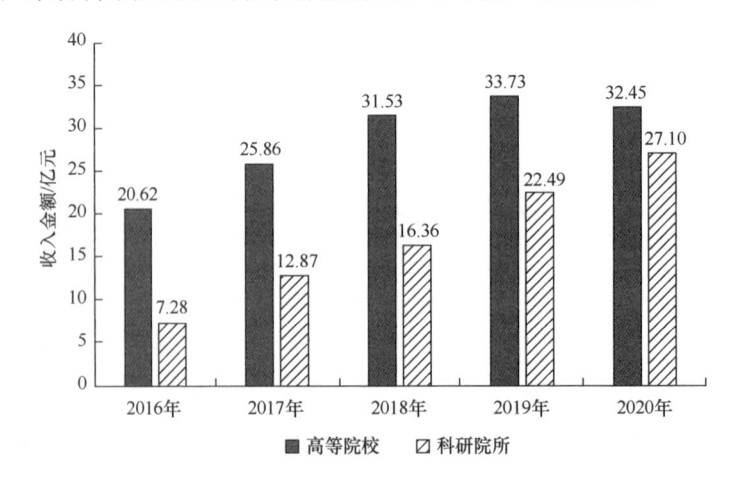

图5-4 "十三五"期间广东省高校院所年度产学研收入金额对比情况

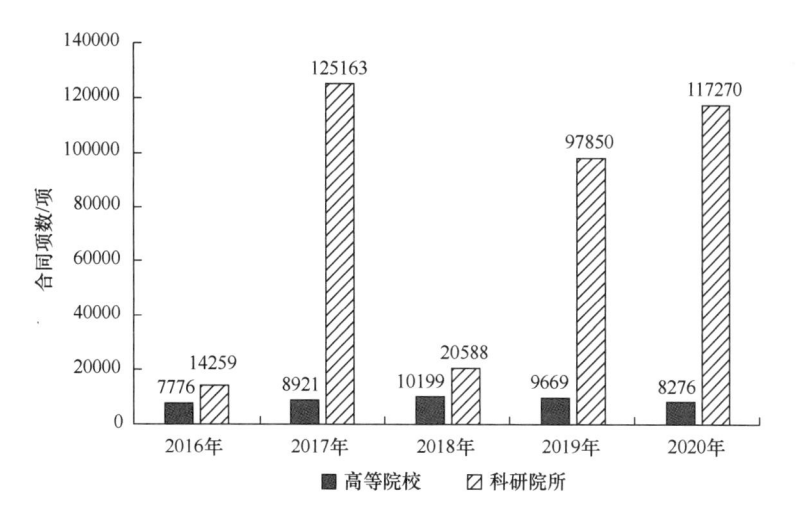

图 5-5 "十三五"期间广东省高校院所年度产学研合同项数对比情况

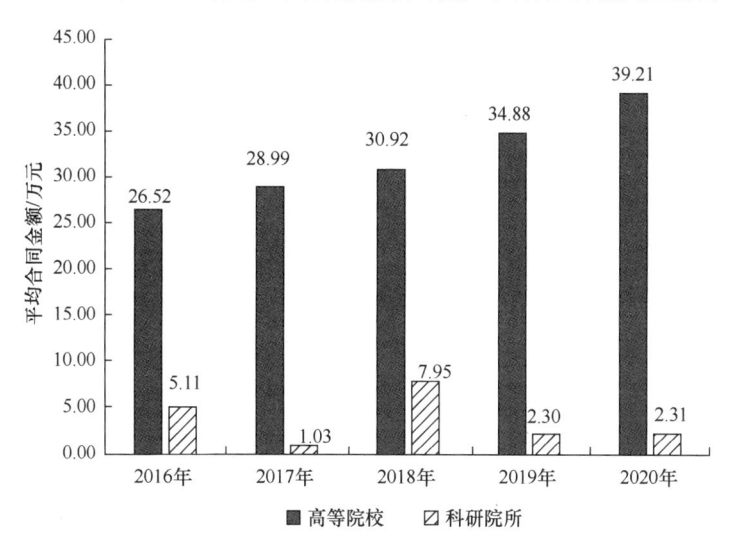

图 5-6 "十三五"期间广东省高校院所年度产学研平均合同金额对比情况

表 5-1 "十三五"期间广东省高校院所年度产学研合作收入金额前 10 名单位

排　名	单 位 名 称	收入金额/万元	年　　度
1	华南理工大学	117016.22	2020 年
2	华南理工大学	117009.43	2018 年
3	华南理工大学	108857.38	2019 年
4	华南理工大学	104082.93	2017 年
5	广东省科学院	84889.59	2020 年
6	华南理工大学	80955.78	2016 年
7	广东省科学院	60829.46	2019 年

(续表)

排名	单位名称	收入金额/万元	年度
8	暨南大学	60126.08	2019年
9	广东省科学院	54634.69	2018年
10	中山大学	53088.5	2018年

表5-2 "十三五"期间广东省高校院所年度产学研合作合同项数前10名单位

排名	单位名称	合同项数/项	年度
1	广东省科学院	112142	2020年
2	广东省科学院	106838	2017年
3	广东省科学院	93831	2019年
4	广东省科学院	17903	2018年
5	广东省科学技术情报研究所	14894	2019年
6	广州能源检测研究院	7800	2016年
7	广州能源检测研究院	7500	2017年
8	广东华中科技大学工业技术研究院	6687	2017年
9	广东华中科技大学工业技术研究院	2550	2016年
10	中山大学	2443	2019年

专栏：全国横向对比情况

1. 高等院校

2020年，从全国各省（自治区、直辖市）辖区内的高等院校以产学研合作转化科技成果收入金额来看，广东省合同金额占全国高等院校产学研合作收入总额的4.98%，在全国排名第8位，前7位分别是北京市、江苏省、上海市、浙江省、湖北省、陕西省、四川省。

2. 科研院所

2020年，从全国各省（自治区、直辖市）辖区内的科研院所以产学研合作转化科技成果收入金额来看，广东省合同金额占全国的11.87%，在全国排名第2位，第1位为北京市，江苏省、上海市、浙江省分别排名第3～5位。

根据以上统计维度，2018年、2019年广东省科研院所都在全国排名第2位，第1位同样都是北京市，而2018年第3位是浙江省，2019年第3位是江苏省。

专栏：典型案例

1. 华南理工大学

"信息物理融合的数字能源系统关键技术"——完备的软硬测试试验条件有力支撑数字能源系统信息物理融合工业产品开发

在能源互联网建设的大背景下，华南理工大学电力学院的研究团队以广东省绿色能源技术重点实验室为基础和依托，与南方电网数字电网研究院开展产学研合作，以提供理论和技术支撑的形式开展基于数字能源系统的客户大数据挖掘及应用关键技术研究与咨询服务项目，协助南方电网数字电网研究院进行科研成果转化，实现产品化落地和市场推广。研究团队在华南理工大学广州现代产业技术研究院（南沙科技创新中心）设有2500平方米室内研发实验室、3500平方米户外测试试验场地，在室内建有软件开发区、硬件开发区、计算机集群中心、中等功率的电力电子设备的测试实验室等，可以支撑数字能源系统信息物理融合工业产品的研发、持续改进、系列化，以及工业产品级设备的定型与试运行。项目合同经费为998.65万元，扣除相关管理费用后，其余283.12万元由负责人自主支配管理用于项目研究开展。（源自2020年度报告）

2. 南方医科大学

"珠江医院检验医学部单克隆抗体技术平台"——服务多家生物医药公司，开发试剂盒销售额超过1亿元

南方医科大学依托珠江医院检验医学部单克隆抗体技术平台，自2004年来不断研发突发传染病诊断试剂盒，其开发、生产的单克隆抗体，以科研服务的方式提供给多家企业，包括广州万孚生物科技有限公司、艾博生物医药（杭州）有限公司、深圳菲鹏生物股份有限公司、万泰生物药业股份有限公司、深圳市易瑞生物技术股份有限公司等。2019年，与合作企业共同开发的病原检测试剂盒总销售额在1亿元以上，其中本单位抗体试剂销售额度约为1500万元，净收益的80%奖励给科技成果完成团队及在转化工作中做出重要贡献的人员，10%划拨给科研团队所属二级单位，10%划拨给学校。该系列成果实现了科技成果的良好转化，创造了可观的经济效益。（源自2019年度报告）

3. 广州中国科学院计算机网络信息中心

"工业互联网标识解析验证系统"——为不同工业领域和多样应用场景提供不同服务

广州中国科学院计算机网络信息中心致力于标识解析技术研究，成功开发出工业互联网

标识解析验证系统，一个基于工业互联网的标识解析试验验证平台。平台支持 Handle、OID、Ecode、NIOT 等典型工业互联网标识解析技术，并支持各标识解析系统间的互联互通，在各个工业互联网试验应用的功能测试基础上，开展性能测试、互通性测试，验证其标识解析技术与工业互联网应用的嵌入能力，为不同工业领域和多样应用场景提供不同的服务。2018 年，该信息中心与中国科学院智慧城市产业联盟签订服务合同《智慧城市物联网标识管理公共服务子平台》（合同金额 150 万元），与中国信息通信研究院签订服务合同《工业互联网标识解析验证系统》（合同金额 300 万元），服务收入总额达 450 万元。标识解析技术是工业互联网数字化、网络化、智能化关键基础技术，该成果的应用有利于加速智能制造发展，更大范围、更高效率、更加精准地优化生产和服务资源配置，促进传统产业转型升级，催生新技术、新业态、新模式，为制造强国建设提供新动能。（源自 2018 年度报告）

4. 广东省水利水电科学研究院

"华南水资源量—效—质一体化管控关键技术"——广泛应用于广东水资源开发、利用、节约和保护实践

针对华南丰水地区高强度用水、水质性缺水、用水粗放、监管薄弱等突出问题，广东省水利水电科学研究院历经 10 年攻坚，创建了华南丰水地区水资源量—效—质（总量控制、高效利用、水质保护）一体化管控理论及四大技术体系，包括复杂河网及河口区特大城市群水资源优化配置理论与技术、复杂取用水过程的监控理论与技术、动态纳污评估及初期雨水污染机理与控制技术、南方丰水地区水权交易理论和技术体系。系列成果获国家发明专利 11 件、实用新型专利 19 件、计算机软件著作权 22 件，已广泛应用于广东水资源开发、利用、节约和保护实践，形成若干政府规章制度及行业技术文件，共 68 项专利成果推广应用，产生了巨大的经济、社会及生态环境效益，合同金额共 14271.1 万元。（源自 2019 年度报告）

"广东省河长制智慧管理技术创新与应用"——开创技术驱动全民治水先河

为解决广东省河湖管护"最后一公里"问题，广东省水利水电科学研究院提出了河长—河湖信息质量控制方法，构建了河湖空间图谱聚合模型和"轮询—广播—订阅"共享模型，首次形成了全面、完整、系统的河长—河湖信息资源体系，填补了我国河湖分级分段信息有效管理模式的空白；同时构建了河湖事件跨部门、全流程协同闭环管理的流转办理中心，形成了河湖整体智治的管理新格局；并首次研发了基于用户位置和角色的附近河湖推荐模型，结合应用场景实现 9.2 万条河流/河段信息的快速匹配与精准推送，并成功服务社会公众，开创了技术驱动全民治水先河；其研发的"一级部署、五级应用、全民参与、共享协同"的广东智慧河长平台，实现了广东省五级河长巡河和社会公众监督治水的智慧管理全覆盖。河长制智慧管理技术项目的相关技术成果已在广东省水利厅、4个流域管理局、21个地市，以及143个县、1662个镇、19468个行政村的河湖管理中广泛应用，转化合同金额共计1790.8万元。（源自2020年度报告）

5. 广东省实验动物监测所

"海洋石油勘探开发污染物生物毒性检验技术服务"——促进海洋产业健康可持续发展

广东省实验动物监测所实施科技成果转化的主要方式为技术服务，其中最典型的为海洋石油勘探开发污染物生物毒性检验技术服务。该服务对委托方提供的海洋勘探开发污染物进行水生生物毒性试验，提供检验报告，为污染物的排放提供参考。2018年，广东省实验动物监测所与中海石油（中国）有限公司深圳、湛江、番禺等分公司分别签订海洋石油勘探开发污染物生物毒性检验系列技术服务合同，总金额达到1288.35万元。该项技术服务可对海洋勘探开发污染物进行监测，减少有害污染物的排放，为国家节省治理海洋污染的巨额开支，促进海洋产业健康可持续发展。（源自2018年度报告）

6. 华南师范大学

"园区（校园）安防平台"——实现多种场景的智慧社区解决方案

华南师范大学开发的园区（校园）安防云平台可提供PC端+手机App+微信平台多终端展示的应用于多种场景的智慧社区解决方案，包括园区（校园）安防、人脸识别、红外识别等技术，实现智能门禁、智能监控、智能考勤、统一监控管理。该成果完成了从算法研究到系统发布与上线的产业化过程，研发团队进行了多场景的平台测试和终端改进，同时改进组网和算法，保证平台各项性能参数达到设计要求和客户需求。该成果转化合同金额达1500万元，并且实现1200万元收益，其中，900万元用于下一代产品研发，包括人员和软硬件投入，以及项目管理等方面的支出，剩余300万元用于奖励项目负责人、技术负责人、领域专家、软硬件工程师、数据处理等技术人员。（源自2020年度报告）

7. 广东石油化工学院

"石化装备智能安全监测关键技术"——为多家石化企业提供技术开发服务

广东石油化工学院广东省石化装备重点实验室科研团队针对我国石化装备安全性研发了相关状态监测和故障诊断技术，构建了广东石化核心大机组远程监测及智能故障诊断平台、化工装置智能防腐信息平台和动态长周期运行智能决策平台。依托平台为茂名石化、广州石化、湛江东兴石化等企业提供相关技术开发、咨询及服务，其收益合同金额1276.6万元，到账550万元，学院将该收益的80%奖励给成果完成人团队。（源自2017年度报告）

8. 广东省智能机器人研究院

"高质高效医疗防护制品制造装备关键技术"——院校联手开展应急项目研发，为抗击新冠疫情贡献力量

新冠疫情暴发后，广东省智能机器人研究院充分发挥自身在智能装备领域的优势，迅速成立新冠疫情防控装备研发项目组，并联合广东华中科技大学工业技术研究院和东莞理工学院，合作成立由13名主要研发人员组成的研发团队，紧急研制了高速全自动平面式口罩生产线、KN95全自动折叠口罩生产线。该项目产品自2020年2月开始立项调研，5月实现市场化推广，研发周期共4个月。2020年，高速全自动平面式口罩机（GIRI-FMM2001）和KN95全自动折叠口罩机（GIRI-FMM2002）两项产品分别实现销售收入6783万元和3955万元，项目的转化收益全部归广东省智能机器人研究院所有。该项目产品的研发极大地提高了口罩生产企业的产能，缓解了社会口罩供应压力，为全国乃至全球抗击新冠疫情贡献了力量。（源自2020年度报告）

9. 广东人工智能与先进计算研究院

"新型实感计算平台香雪-HP001"——为国内外高校院所及多行业提供智能化应用服务

广东人工智能与先进计算研究院研究团队经过2年时间研发了新型实感计算平台香雪-HP001，能够实现实时处理海量数据，并满足高效能计算、低延时交换、大带宽存储等方面的需求。该成果通过产学研合作，以技术开发、咨询、服务等方式，与国内外科研机构、高校达成合作并签订合同实现转化。目前，研究团队已先后与中国科学院国家天文台、美国新墨西哥大学达成协议，新签合同金额达932.44万元，所获得转化收益均留归单位。该成果应用领域广泛，除量子计算、微波测控、天文射电观测的计算中心等主要应用领域外，还可应用于大规模的智能计算集群与高端专用计算平台的构建，能够为金融、电力、交通、医疗等重点行业提供智能化应用服务支撑，已推动实现产值超过千万元，具有良好经济效益。基于该计算平台，研究院2020年为子午工程二期米波十米波射电日像仪研制专用数字相关系统，极大地扩大了其观测动态范围。（源自2020年度报告）

10. 华南协同创新研究院

"绿色功能日化产品创新中心"——纵横拓展，不断扩大企业服务半径

华南协同创新研究院围绕日化产品、个人护理品、药妆产品等，开展核心原料开配方设计、功效评价和安全性能评估等方面的研究，成功研制出绿色功能日化产品。研究院不断与企业进行技术交流，紧密对接企业需求，达成技术开发、服务协议，通过绿色功能日化产品创新中心向行业 21 家企业进行技术成果转化，合同金额达 1671 万元。该项目以企业需求为导向，通过建立院企研发中心，加深与企业的纵向合作，深挖合作需求点；通过建立以企业为主导的各类平台，如建设产业技术联盟，增加横向服务数量，推动创新与产业融合，为新型研发机构与地方产业实现紧密结合提供经验参考。（源自 2019 年度报告）

11. 广州中国科学院软件应用技术研究所

佛山市市场监管一体化信息平台——提升政府监管效能

广州中国科学院软件应用技术研究所与佛山市市场监督管理局合作，签订政府采购项目合同，由研究所项目研发团队负责横向技术服务和技术咨询，以应用需求为导向，成功创建佛山市市场监管业务一体化信息平台。该项技术服务合同周期为 2 年，合同金额为 314 万元，技术服务收入全部由项目研发团队内部统筹分配。通过该平台，佛山市市场监督管理局有效实现数据融合，厘清监管底数，整合相近职责，强化综合执法，解决职责交叉、分段监管、多头执法的问题，打通监管链条，整合监管资源，形成监管合力，从而提升监管效能和质量。（源自 2019 年度报告）

12. 国科广化韶关新材料研究院

无溶剂型有机硅离型剂——打破国外垄断，推动下游企业良性发展

无溶剂型有机硅离型剂是国科广化韶关新材料研究院花费 3 年时间的研制成果。项目由 5 人组成的团队专门从事研发，产品经过实验室内部小试后，在中国科学院广州化学有限公司做中试并进一步产业化，2020 年实现转化收益 1145 万元，所获收益按照研究院成果转化分配制度进行奖励。产品应用领域广泛，可应用在制备不干胶标签、压敏胶带、医疗及卫生用品、印艺与装饰、触屏显示保护膜等方面。项目产品成功产业化，打破了长期以来高端无溶剂型有机硅离型剂技术及市场被国外公司垄断的局面，推动了国内离型纸、离型膜生产企业及下游企业的良性发展。（源自 2020 年度报告）

第6章 科技成果转化定价方式情况

《中华人民共和国促进科技成果转化法》规定，国家设立的研究开发机构、高等院校对其持有的科技成果，可以自主决定转让、许可或者作价投资，但应当通过协议定价、在技术交易市场挂牌交易、拍卖等方式确定价格。本章围绕协议定价、挂牌交易、拍卖等，对科技成果转化定价方式进行分析。

6.1 总体情况

《中华人民共和国促进科技成果转化法》等法律法规规定，国家设立的科研院所、高等院校对其持有的科技成果，应通过协议定价、在技术市场挂牌交易、拍卖等方式确定价格。协议定价方式是科技成果转化的主要定价方式之一。2020年数据显示，在高校院所科技成果转化合同中，采用协议定价方式的合同有1321项，同比增长19.14%，占合同总数的98.36%，高于全国的96.9%；总合同金额9.46亿元，同比下降41.05%；平均合同金额71.64万元，同比下降50.52%，低于全国的95.4万元。采用挂牌交易方式的有22项，同比增长40.00%，占总数的1.64%，低于全国的2.6%；总合同金额0.77亿元，同比下降83.41%；平均合同金额350.40万元，同比下降88.15%，高于全国的146.5万元。无采用拍卖方式转化的科技成果（见表6-1）。

表6-1 2020年高校院所科技成果转化定价方式情况

定价方式	合同项数/项	3种方式数目占比	转化金额/万元	3种方式转化金额占比
协议定价	1321	98.36%	94638.34	92.47%
挂牌交易	22	1.64%	7708.89	7.53%
拍卖	0	0.00%	0	0.00%

整个"十三五"期间的情况与2020年相仿，5年间共有4620项合同填报了科技成果转化定价方式，其中，4576项为协议定价，41项为挂牌交易，3项为拍卖，具体比例如图6-1所示。

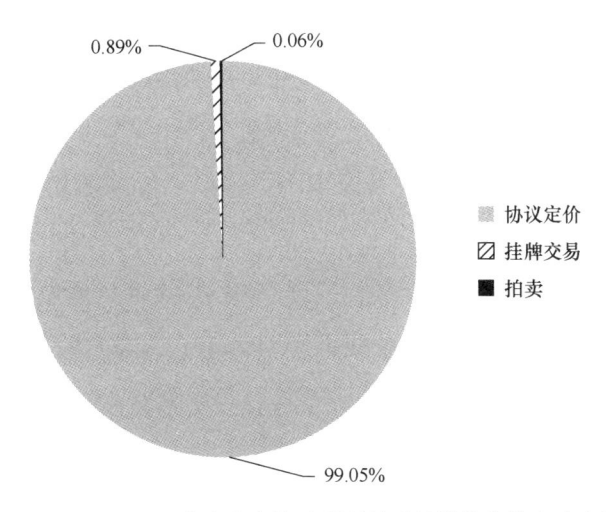

图6-1 "十三五"期间广东省高校院所科技成果转化定价方式占比情况

6.2 高等院校和科研院所对比情况

2020年，高等院校科技成果转化合同中，采用协议定价方式的合同有803项，同比增长40.14%，占当年高等院校定价方式合同总数的98.29%；总合同金额为5.48亿元，同比下降42.71%；平均合同金额为68.27万元，同比下降59.12%。采用挂牌交易方式的合同有14项，同比增长55.56%，占当年高等院校定价方式合同总数的1.71%；合同金额为0.50亿元，同比增长1220.18%；平均合同金额为356.48万元，同比增长748.69%。无采用拍卖方式转化的科技成果。

2020年，科研院所科技成果转化合同中，采用协议定价方式的合同有518项，同比下降3.82%，占当年科研院所定价方式合同总数的98.48%；总合同金额为3.98亿元，同比下降38.46%；平均合同金额为76.87万元，同比下降36.02%。采用挂牌交易方式的合同有8项，同比增长16.67%，占当年科研院所定价方式合同总数的1.52%；合同金额为0.27亿元，同比下降94.10%；平均合同金额为339.78万元，同比下降94.95%。无采用拍卖方式转化的科技成果。

可见，高等院校与科研院所绝大部分的转化项目都采用协议定价的方式，高等院校采用协议定价的平均合同金额低于科研院所，但采用挂牌交易的平均合同金额高于科研院所。

整个"十三五"期间，共有4576项科技成果采用协议定价方式转化，其中，高等院校2671项，科研院所1905项，具体占比如图6-2所示；在41项挂牌交易合同中，高等院校27项，科研院所14项，具体占比如图6-3所示；3项拍卖合同则全部来自科研院所。科技成果转化定价过程中，经过评估的转化成果为1061项，占总数的22.97%，其中，高等院校602项，科研院所459项，经过评估的总合同金额为37.15亿元，平均合同金额为350.13万元；未经过评估的转化成果为3559项，占总数的77.03%，其中，高等院校2096项，科研院所1463项，未经过评估的合同金额为18.11亿元，平均合同金额为50.90万元，具体占比如图6-4所示。

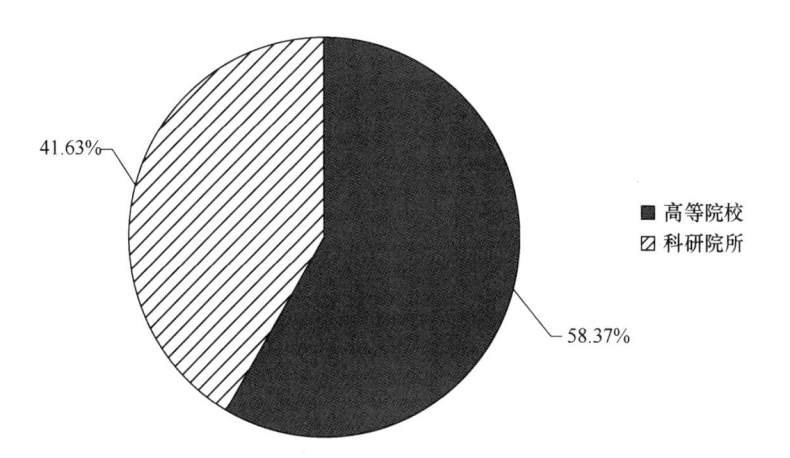

图 6-2 "十三五"期间广东省高校院所协议定价方式占比情况

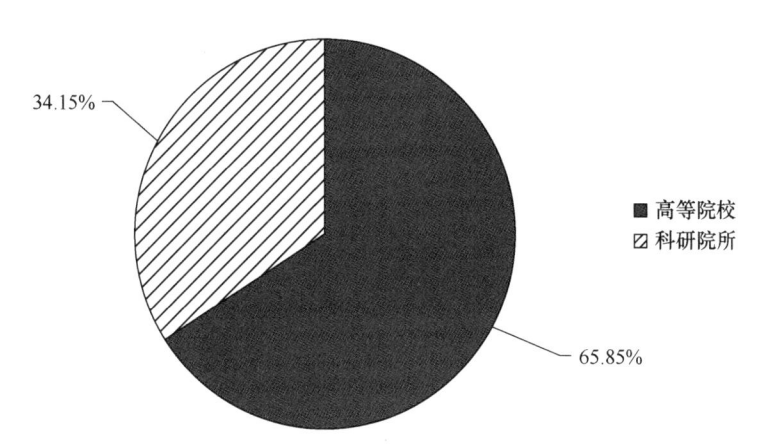

图 6-3 "十三五"期间广东省高校院所挂牌交易方式占比情况

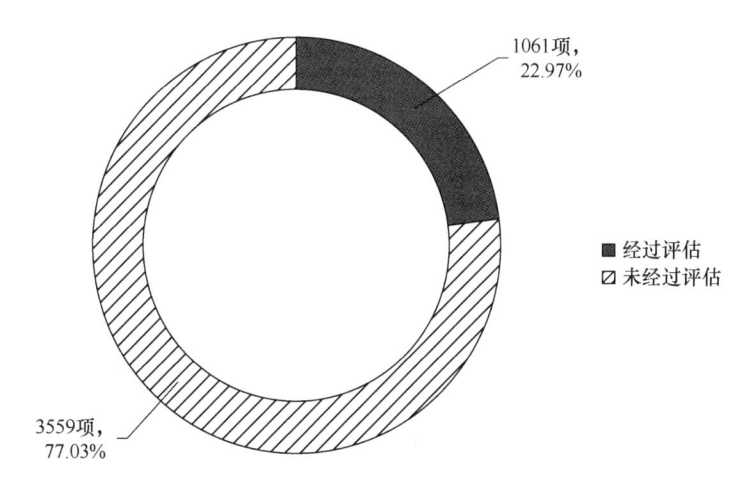

图 6-4 "十三五"期间广东省高校院所科技成果定价过程中的评估情况

专栏：典型案例

1. 中山大学

"结直肠癌检测试剂盒"成果转化项目——经资产评估和挂牌交易规避关联交易风险

中山大学肿瘤防治中心林东昕院士团队经研究鉴定出了一个具有良好应用前景的结直肠癌早期筛查血清分子标记物，该血清分子标记物具有筛查成本低、有效性高等特点，预期在带来良好社会经济效益的同时，能提高结直肠癌患者的早诊早治率，切实降低结直肠癌病死率。该成果由中山大学科学研究院和广州中大知识产权服务有限公司牵线与多家企业洽谈，最终确定投资方后，由投资方与科研团队成员成立新公司受让技术成果。因该项目为关联交易，按照中山大学科技成果转化相关规定完成了资产评估、挂牌交易等程序后，经中山大学校长办公会审议通过并实施转让，合同金额为2500万元。（源自2020年度报告）

2. 清华大学深圳国际研究生院

"一种钛酸锂与石墨烯复合电极材料的制备方法"——专利组合经第三方评估公司开展实施市场调查，确保评估结果公允反映市场价值

清华大学深圳国际研究生院研发的"一种钛酸锂与石墨烯复合电极材料的制备方法"等12件专利主要集中于石墨烯材料的制备及其在储能器件和散热方面的应用，具有很强的技术优势，且制备方法更加简单、可行，工艺控制有保障，多件专利之间存在联系，组合成体系使用具有更明显的系统加成优势，产业化前景广阔。12件专利经中都国脉（北京）资产评估有限公司评估市场价值为6000万元，并以此金额作价投资成立了深圳石墨烯创新中心有限公司，占公司股的30%，其中，清华大学占公司股的15%，清华大学深圳国际研究生院占公司股的15%。在评估过程中，评估人员按照必要的评估程序对12件专利实行市场调查，并采用收益法对专利技术所有权所表现的市场价值做出公允的反映，依据国际惯例及要求出具结果，在国内外具有权威性。深圳石墨烯创新中心有限公司的成立对标国家制造业石墨烯创新中心创建要求，定位为关键共性技术开发平台，采用"公司+联盟"的形式，通过"政产学研用资"深度融合的协同创新机制，联合各高校、企业及科研机构打造新型创新平台。通过整合石墨烯产业的创新资源，打造"材料制备+计量检测+装备制造+终端应用"全产业链，解决高端石墨烯大规模制备和高端应用技术开发与应用问题。（源自2018年度报告）

第 7 章　科技成果转化流向情况

科技成果转化流向，是指科技成果流向不同性质单位（包括非企业单位、中小微企业和其他企业等），以及不同区域的情况。本章通过分析科技成果转化流向的境内外情况及广东省内外情况、广东省内各地区情况、应用行业情况、承接单位情况等，多角度分析科技成果转化流向的现状和趋势，对优化资源配置、引导创新方向、提高科技创新能力等具有重要的意义。

本章的统计数据主要来源于各单位报告中"以转让、许可、作价投资方式转化成果"的项目清单[①]，所以可统计的项目数与各年度实际的"以转让、许可、作价投资方式"3项合计数有所出入，为不完全统计，但亦可作为"抽样"的形式反映相关统计维度的对比情况和年度波动情况。

7.1 科技成果转化境内外情况

"十三五"期间，各年度中转化至境内的项目无论是合同数量还是合同金额都占了绝大部分的比重，转化至境外的项目极少，2016年、2017年都为零，2018年最多，但也仅为12项，转化合同总金额900余万元，所以，广东省高校院所向境外输出科技成果的能力还有待提升。在年份对比方面，转化合同总金额无论是境内还是境外都以2019年为最高；而在合同项数方面，转化至境内以2020年为最高，转化至境外则以2018年为最高，如图7-1和图7-2所示。

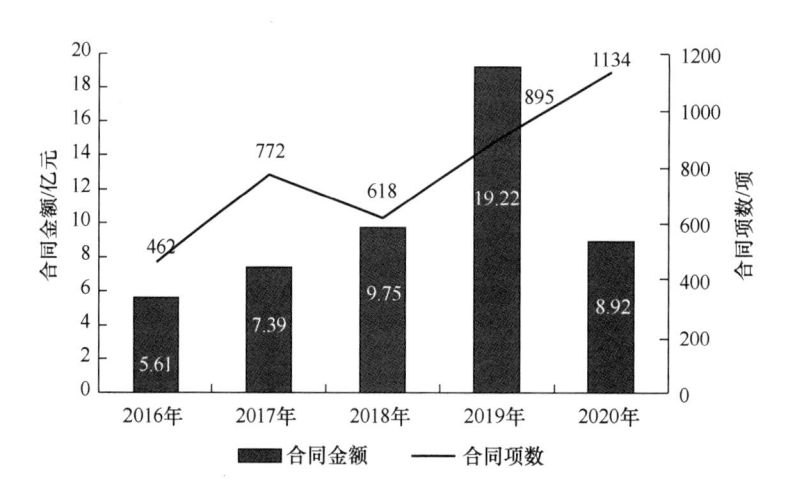

图7-1 "十三五"期间广东省科技成果转化至境内的合同情况

---

① 项目清单内显示每项成果的转化流向信息，"十三五"期间，5个年度都包含项目流向的境内外信息，以及转化至单位类型信息，但只有2019年和2020年包含转化至单位名称及所在地、应用行业等信息。所以，7.1节、7.2节统计的是5年数据，7.3节、7.4节、7.5节统计的是2019年和2020年的数据。

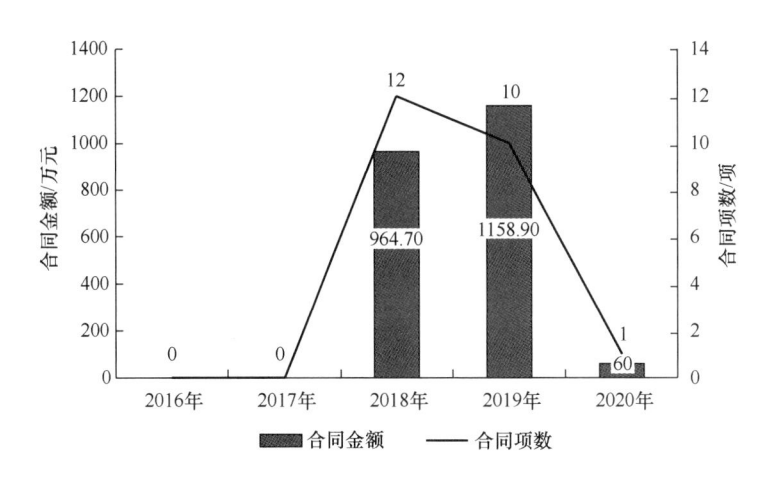

图 7-2 "十三五"期间广东省科技成果转化至境外的合同情况

7.2 科技成果转化流向企业情况

"十三五"期间,广东省高校院所的科技成果从绝对量来说,大部分流向了中小微企业,2017 年、2018 年流向大型企业的项目数有所突破,但其他年份基本上是以流向中小微企业为主,如图 7-3 所示。在合同金额方面,除 2018 年外,其余年份都是流向中小微企业的合同金额高于流向大型企业的合同金额,如图 7-4 所示。可见,广东省高校院所的科技成果大多数还是在中小微企业得到应用转化,这是由于广东省的中小微企业数量庞大、占比高,所以相对应的科技成果转化比例也高。这也反映了广东省高校院所的科技成果与大型企业的技术需求有一定程度的差距,还未成为其主要的科技成果供给方。

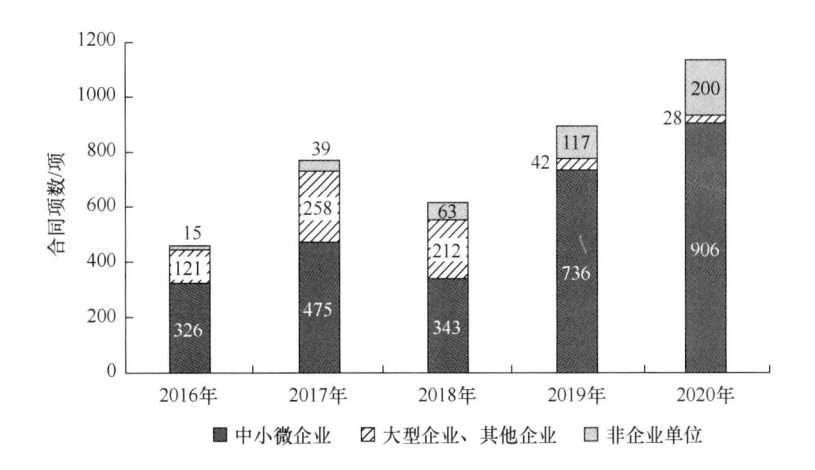

图 7-3 "十三五"期间广东省科技成果在境内流向企业的合同项数情况

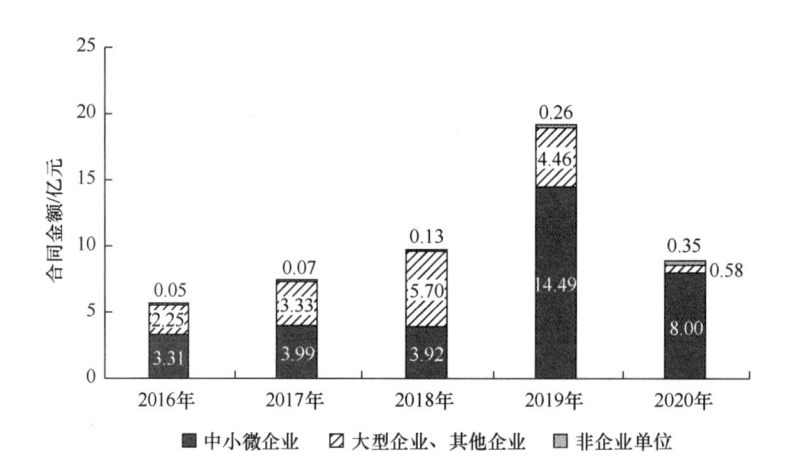

图 7-4 "十三五"期间广东省科技成果在境内流向企业的合同金额情况

7.3 科技成果转化省内外情况

2019 年、2020 年共有 2462 项科技成果显示了转化至省内外的去向信息，合同总金额约为 30.66 亿元。在广东省内转化的合同项数为 1983 项，占合同总项数的 80.54%，合同金额为 18.72 亿元，占 2462 项合同总金额的 61.06%，平均合同金额为 94.38 万元；在省外转化的合同项数为 479 项，占合同总项数的 19.46%，合同金额为 11.94 亿元，占 2462 项合同总金额的 38.94%，平均合同金额为 249.31 万元，具体如图 7-5、图 7-6 所示。总体而言，广东省高校院所的科技成果从数量上看大部分是在省内转化的，但转化到省外的科技成果平均合同金额更高，为省内的 2 倍有余。

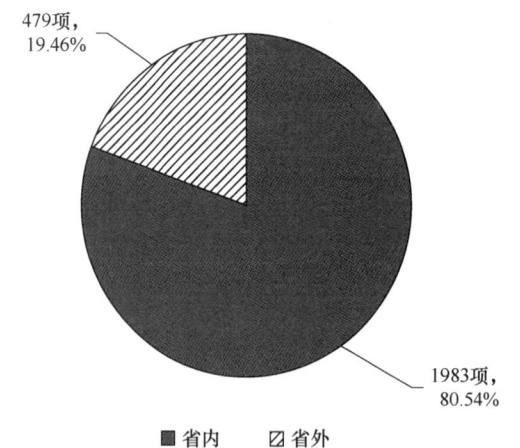

图 7-5 广东省 2019 年、2020 年科技成果转化至省内外合同项数及其占比情况

在年度数据对比方面，2462 项科技成果中有 1119 项来自 2019 年，有 1343 项来自 2020 年，但 2019 年的合同总金额约为 20.43 亿元，2020 年的合同总金额为 10.23 亿元，可见在 2020 年合同项数更多的情况下，合同总金额反而远少于 2019 年，所以，就这批项目而言，2019 年的平均合同金额要远高于 2020 年。

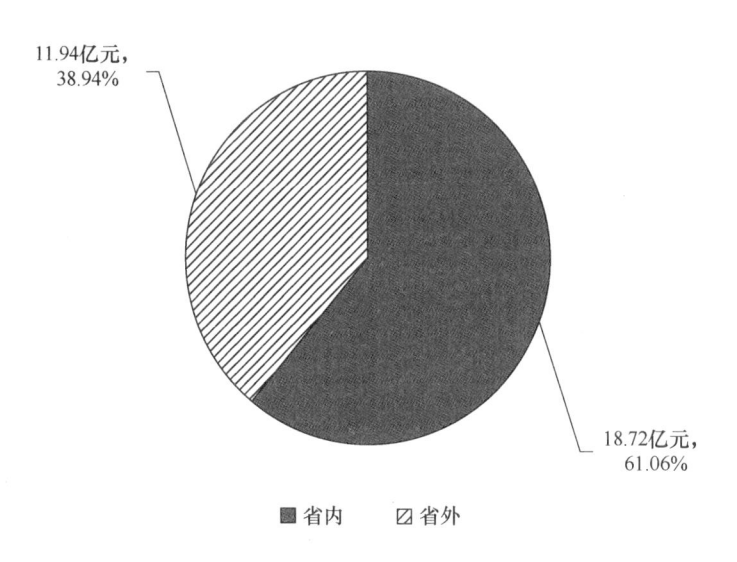

图 7-6　广东省 2019 年、2020 年科技成果转化至省内外合同金额及其占比情况

就转化至省内情况进行分析，2019 年在省内转化的合同项数为 917 项，占当年合同总项数的 81.95%，合同金额为 10.37 亿元，占 1119 项合同总金额的 50.76%，平均合同金额为 113.06 万元；2020 年在省内转化的合同项数为 1066 项，占当年合同总项数的 79.37%，合同金额为 8.35 亿元，占 1343 项合同总金额的 81.62%，平均合同金额为 78.32 万元。可见，2020 年转化至省内的平均合同金额有所降低，但合同金额占比大幅提升。

就转化至省外情况进行分析，2019 年转化至省外的合同项数为 202 项，占当年合同总项数的 18.05%，合同金额为 10.06 亿元，占 1119 项合同总金额的 49.24%，平均合同金额为 497.81 万元；2020 年转化至省外的合同项数为 277 项，占当年合同总项数的 20.63%，合同金额约为 1.88 亿元，占 1343 项合同总金额的 18.38%，平均合同金额为 68.09 万元。可见，2020 年转化至省外的合同项数有所提升，但合同金额占比大幅下降，平均合同金额更是只有 2019 年的 1/7。

7.4　科技成果转化省内各地区情况

2019 年、2020 年共有 1983 项科技成果显示了省内地市的流向信息，如表 7-1 所示，合同总金额为 18.72 亿元。从区域的整体情况及合同金额的角度分析，18.72 亿元的项目绝大部分被珠三角 9 市（深圳市、广州市、佛山市、东莞市、珠海市、惠州市、江门市、中山市、肇庆市）吸纳，粤东西北地区（清远市、梅州市、韶关市、揭阳市、云浮市、阳江市、汕尾市、湛江市、河源市、汕头市、茂名市、潮州市）吸纳的合同金额只占全省的 4.41%，如表 7-2 所示。珠三角 9 市之间的差距亦非常悬殊，科技成果转化合同金额破亿元的只有深圳（9.33 亿元）和广州（5.59 亿元），二者加总合同金额占珠三角 9 市合同总金额的 83.44%，近乎全省的 8 成，如图 7-7 所示；二者与广东省其他地市之间呈现了量级差距，排名第 3 位的佛山市科技成果转化合同金额不到 1 亿元。迈入亿元级别的深圳市与广州市之间，又以深圳市的表现尤为亮眼，吸纳项目的合同金额近乎全省的一半，远远超过广州市。结合合同项数分析，深圳市吸纳的项目数量并不多，只占全省的 13.21%，且只占广州市的 37.16%，如图 7-8 所示，可见其吸纳项目的质量非常高，平均合同金额达到 356.22 万元，广州市只有 79.36 万元，而其他地市的平均合同金额同样未能与深圳市匹敌，排名第 2 位的珠海市亦只有 123.33 万元。总体而言，各地市对广东省高校院所科技成果的吸纳能力差距非常悬殊，深圳市独占鳌头，广州市相对深圳市折半，佛山市、东莞市、珠海市等量齐观，却又远低于广州市，珠三角地区其余 4 个市和粤东西北地区 12 个市加总，才及得上佛山市或东莞市一个地市。这虽在某种程度上反映出各地市的产业经济发展能力差异，但也提示广东省高校院所科技成果对非发达地区的辐射带动能力还有待进一步加强。此外，深圳市对全省高校院所优质成果的选择性强，虹吸效应不断显现，目前全省各地市吸纳科技成果能力的层级局面极有可能被打破，深圳市的单极化发展趋势明显。

表 7-1　广东省 2019 年、2020 年科技成果转化至省内各地市情况（按金额降序排列）

转化至单位所在市	合同项数/项	合同总金额/万元	平均合同金额/万元	合同项数占比	金额占比
深圳市	262	93329.65	356.22	13.21%	49.87%
广州市	705	55948.84	79.36	35.55%	29.89%
佛山市	270	9074.19	33.61	13.62%	4.85%
东莞市	103	8488.02	82.41	5.19%	4.54%
珠海市	52	6413.13	123.33	2.62%	3.43%
惠州市	45	2272.46	50.50	2.27%	1.21%
清远市	70	1861.89	26.60	3.53%	0.99%
梅州市	42	1572.32	37.44	2.12%	0.84%
江门市	54	1270.62	23.53	2.72%	0.68%
中山市	42	1215.08	28.93	2.12%	0.65%

（续表）

转化至单位所在市	合同项数/项	合同总金额/万元	平均合同金额/万元	合同项数占比	金额占比
韶关市	68	1006.22	14.80	3.43%	0.54%
肇庆市	93	891.03	9.58	4.69%	0.47%
揭阳市	13	745.2	57.32	0.66%	0.40%
云浮市	20	727.22	36.36	1.01%	0.39%
阳江市	9	593.69	65.97	0.45%	0.32%
汕尾市	18	359.57	19.98	0.91%	0.19%
湛江市	50	349.2	6.98	2.52%	0.19%
河源市	24	330.27	13.76	1.21%	0.18%
汕头市	6	266.82	44.47	0.30%	0.14%
茂名市	25	246.41	9.86	1.26%	0.13%
潮州市	12	195.98	16.33	0.61%	0.10%
21市整体情况	1983	187157.81	94.38	100.00%	100.00%

表7-2 广东省2019年、2020年科技成果转化至省内各地区情况

转化至单位所在地区	合同项数/项	合同总金额/万元	平均合同金额/万元	合同项数占比	金额占比
深圳市	262	93329.65	356.22	13.21%	49.87%
广州市	705	55948.84	79.36	35.55%	29.89%
其他珠三角地市（其他7市）	659	29624.53	44.95	33.23%	15.83%
粤东西北地区	357	8254.79	23.12	18.01%	4.41%
21市整体情况	1983	187157.81	94.38	100.00%	100.00%

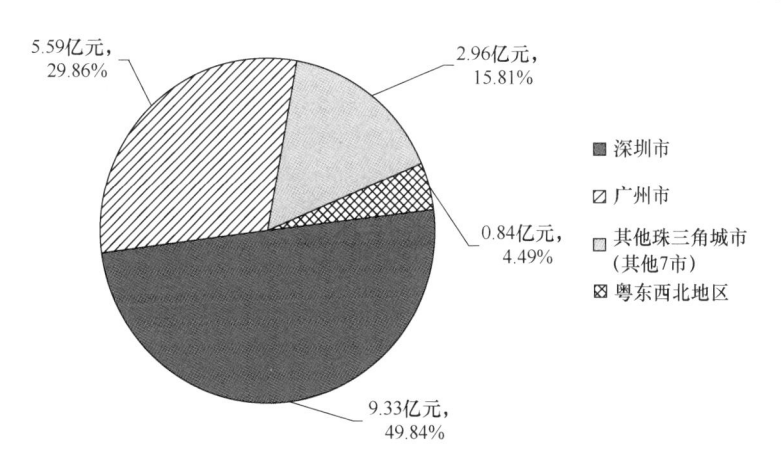

图7-7 广东省2019年、2020年科技成果转化省内流向各市的合同金额情况

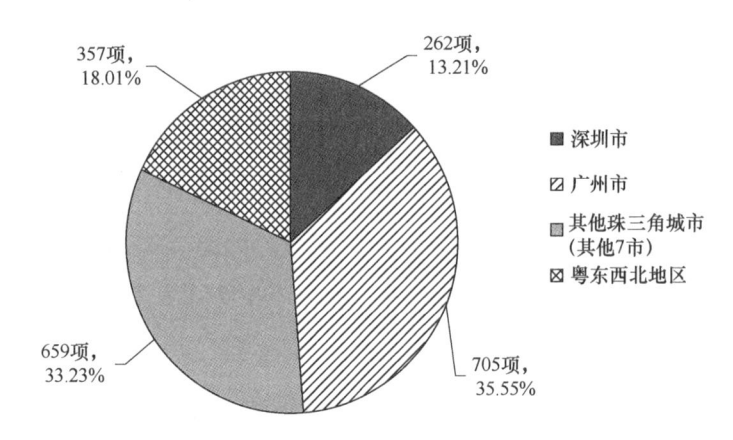

图 7-8 广东省 2019 年、2020 年科技成果转化省内流向各市的合同项数情况

7.5 科技成果转化应用的行业领域情况

从科技成果转化应用行业领域分析，2019 年、2020 年共 2462 项科技成果转化应用，其中，转化合同项数排名前 3 位的依次是"农、林、牧、渔业""制造业""科学研究和技术服务业"，其合同项数分别为 815 项、667 项、313 项，占转化合同总项数的比重分别为 33.10%、27.09%、12.71%。转化合同金额居前 3 位的依次是"制造业""卫生和社会工作""科学研究和技术服务业"，其合同金额分别为 11.77 亿元、5.78 亿元、4.63 亿元，分别占转化合同总金额的 38.39%、18.85%、15.10%，如图 7-9 所示。

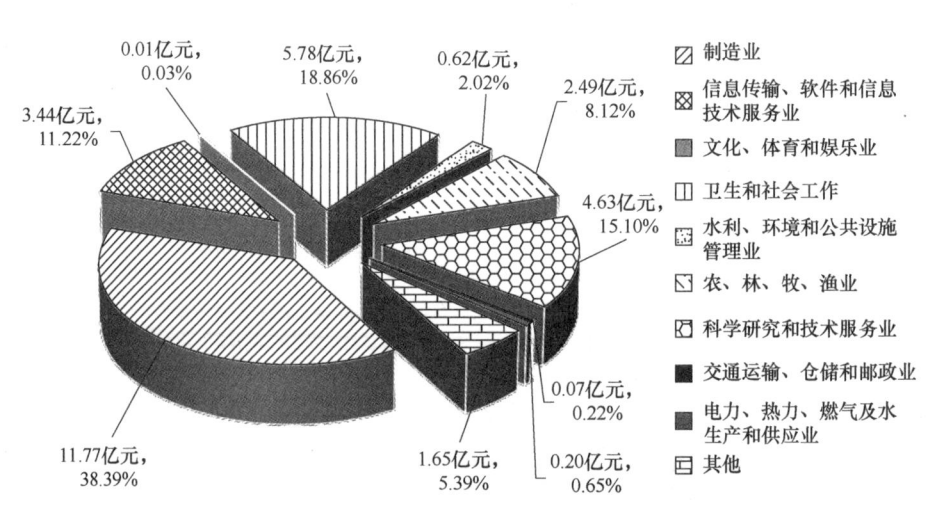

图 7-9 广东省 2019 年、2020 年高校院所转化科技成果合同金额的行业领域分布

第 8 章　财政资助项目科研成果转化情况

本章主要对财政（包括中央财政和地方财政）资助项目成果转化形成的合同数目、合同金额、当年到账额等指标进行统计分析，分析发现，受财政资助项目成果转化产生的平均合同金额显著高于所有科研成果转化平均合同金额，财政资助在科科研成果转化中发挥了积极作用，财政资金的放大效应十分显著。

8.1 全国财政资助项目科研成果转化情况

《中华人民共和国促进科技成果转化法》等法律法规提出，利用财政资金设立应用类科技项目和其他相关科技项目，鼓励企业、科研院所、高等院校及其他组织共同实施。财政资助项目科研成果转化情况的统计范围只限于转让、许可、作价投资方式，因此本章所有针对财政资助项目的收入情况都单指转让、许可、作价投资3项合计收入。2020年，财政资助项目科研成果转化收入金额为5.86亿元，同比下降55.55%，全国实现44.7%的正增长，占当年所有以转让、许可、作价投资方式转化项目合同总金额（10.23亿元）的57.28%，高于全国的34.1%；合同项数为285项，同比下降4.04%，全国实现22.9%的正增长，占当年所有以转让、许可、作价投资方式转化项目合同总项数（1343项）的21.22%，高于全国的16.4%。

5年存续单位在"十三五"期间，无论是高校院所合计，还是高等院校与科研院所单独横向对比，其2019年的财政资助项目转化收入金额都是最高的，5年来的收入金额整体呈钟形曲线走势，如图8-1所示；合同项数除2016年稍低外，其他年份比较平均，如图8-2所示；可见每年受财政资助的项目数量是相对固定的，但项目转化效益差距甚大。除收入金额外，平均合同金额也可反映这一投入产出的年度差异，如图8-3所示。但总体而言，财政资助项目的投入产出效益比一般项目要高，从5年存续单位的年度数据分析，财政资助项目以转让、许可、作价投资方式转化科研成果的平均合同金额在各年度都比所有以转让、许可、作价投资方式转化科研成果项目的平均合同金额高出数倍，如图8-4所示，可见财政资助的放大效应是十分显著的。

图8-1 "十三五"期间广东省高校院所年度财政资助项目收入金额对比情况

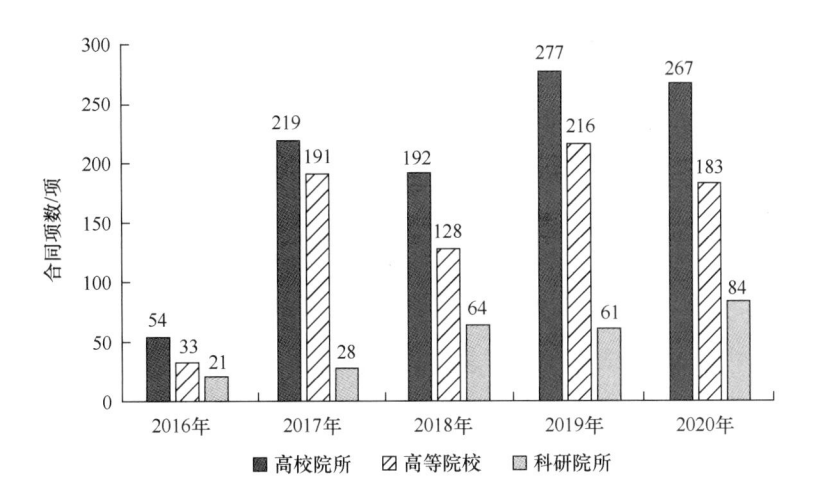

图 8-2 "十三五"期间广东省高校院所年度财政资助项目合同项数对比情况

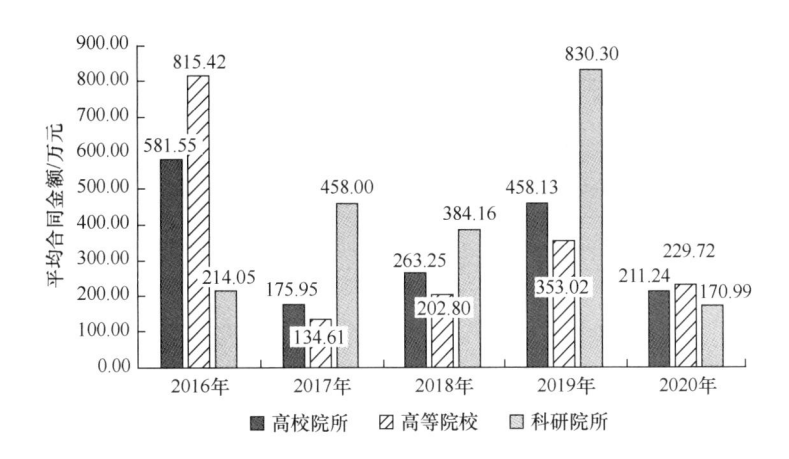

图 8-3 "十三五"期间广东省高校院所年度财政资助项目平均合同金额对比情况

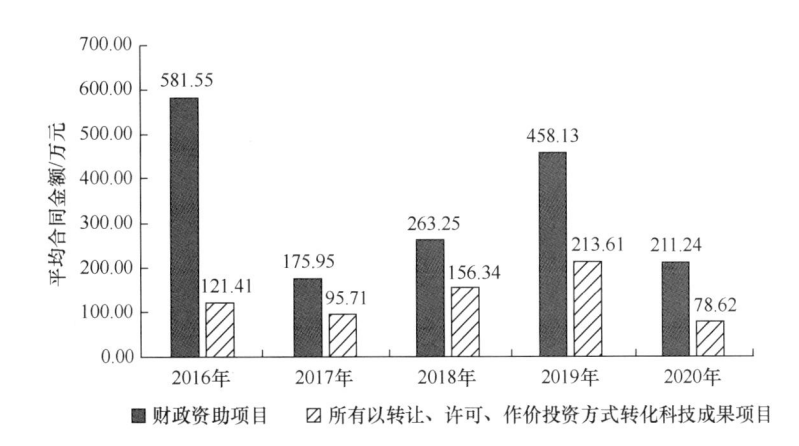

图 8-4 "十三五"期间广东省高校院所财政资助项目与所有项目平均合同金额年度对比情况

8.2 中央财政资助项目科研成果转化情况

财政资助项目中又包含中央财政资助项目。2020 年，广东省高校院所中央财政资助项目转化收入金额为 4.51 亿元，同比下降 58.84%，全国实现 61.7%的正增长，占当年所有财政资助项目转化收入总额（5.86 亿元）的 76.96%，低于全国的 91.0%；合同项数为 167 项，同比增长 15.17%，低于全国的 42.8%，占当年所有财政资助项目转化合同总项数（285 项）的 58.60%，低于全国的 64.7%。

从"十三五"期间的 5 年对比来看，中央财政资助项目以 2019 年的收入金额为最高，无论是高校院所合计，还是高等院校与科研院所单独比较，如图 8-5 所示；合同项数呈逐年增长趋势，如图 8-6 所示；平均合同金额亦以 2019 年最高，如图 8-7 所示；中央财政资助项目的平均合同金额与所有财政资助项目相比在各年份互有高低，表明其产出效益与地方财政资助项目之间没有绝对的偏向性，如图 8-8 所示。

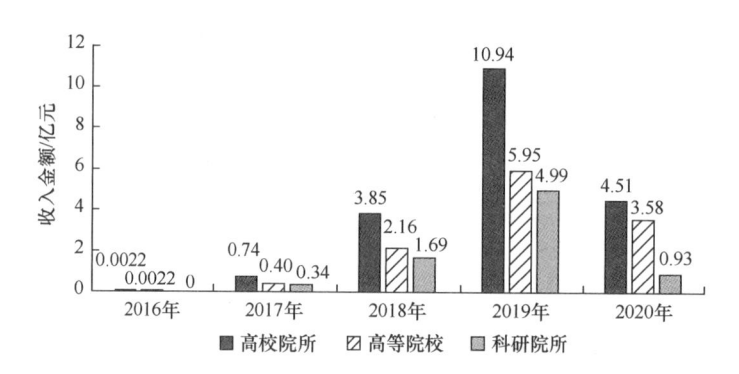

图 8-5 "十三五"期间广东省高校院所中央财政资助项目收入金额年度对比情况

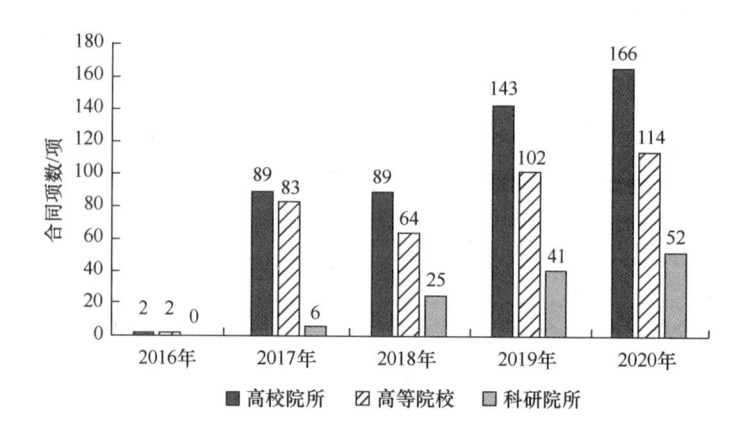

图 8-6 "十三五"期间广东省高校院所中央财政资助项目合同项数年度对比情况

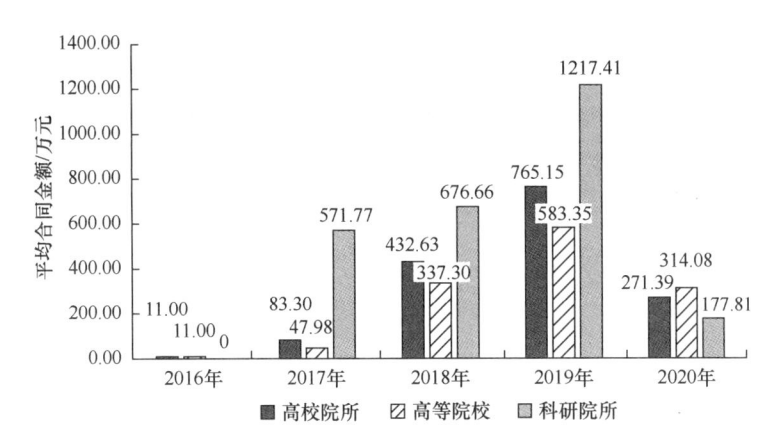

图 8-7 "十三五"期间广东省高校院所中央财政资助项目平均合同金额年度对比情况

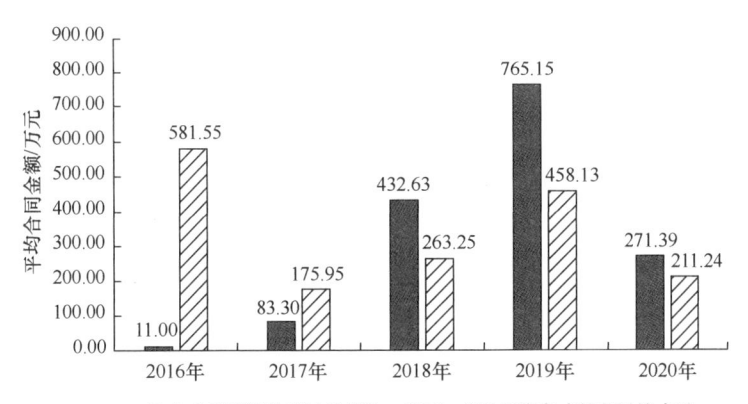

图 8-8 "十三五"期间广东省高校院所中央财政资助项目与所有财政资助项目平均合同金额年度对比情况

第 9 章　科技成果转化收入分配及奖励情况

　　《中华人民共和国促进科技成果转化法》规定，职务科技成果转化后，由科技成果完成单位对完成、转化该项科技成果做出重要贡献的人员给予奖励和报酬；并规定转让、许可给他人实施的奖励比例不低于科技成果转让净收入或者许可净收入的 50%，作价投资的奖励比例不低于形成的股份或者出资比例的 50%。《广东省促进科技成果转化条例》进一步将以上比例调升至 60%。系列政策法规的落实，使科研人员获得的奖励大幅增长，极大地激发了科研人员创新创业的热情和动力。

9.1 总体情况

2020年，高校院所科技成果转化获得现金和股权收入总额为57.98亿元，同比增长198.67%；留归单位的现金和股权收入总额为33.65亿元，同比增长171.96%；奖励个人的现金和股权收入总额为24.34亿元，同比增长238.87%，其中，奖励研发与转化主要贡献人员的现金和股权收入总额为23.81亿元，同比增长252.18%，占奖励个人的现金和股权收入总额的97.83%。由此可见，2020年，无论是现金和股权收入总额，还是奖励金额都显示出迅猛拉升的势头。

上述情况置于整个"十三五"的总体走势中看，5年存续单位的相应数据也显示2020年各项都得到了大幅增长，如图9-1所示，这表明科技成果转化奖励分配制度的政策效应得到显现。此外，各年度奖励研发与转化主要贡献人员的金额占奖励个人总额的绝大部分，2016—2020年的占比分别达98.65%、96.38%、97.55%、94.66%、97.94%。

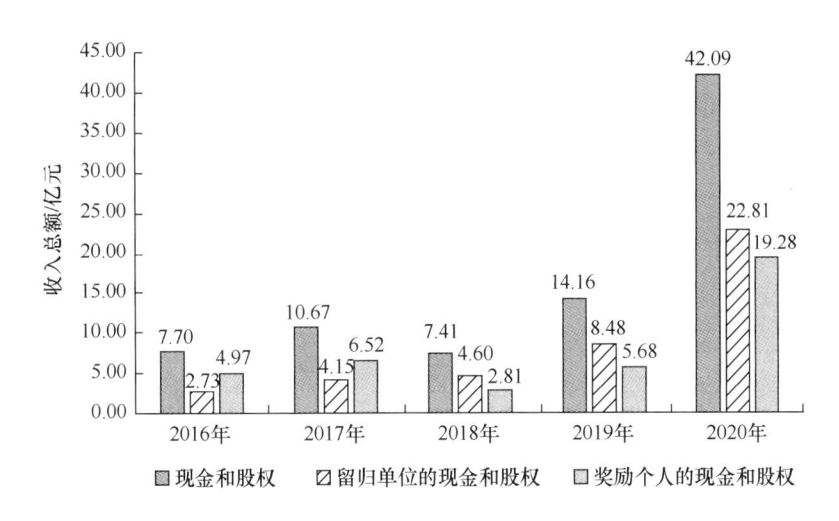

图9-1 "十三五"期间广东省高校院所现金和股权收入总额及其分配年度对比情况

9.1.1 现金、股权两种奖励方式对比情况

2020年，高校院所科技成果转化取得的现金收入总额为54.59亿元，同比增长317.80%。其中，留归单位的现金收入为31.86亿元，同比增长205.53%；奖励个人的现金收入为22.73亿元，占现金收入总额的41.64%，同比增长670.02%。在奖励个人的现金

收入中，奖励给研发与转化主要贡献人员的现金收入为 22.20 亿元，同比增长 784.44%。2020 年，高校院所科技成果转化取得的股权收入总额为 3.39 亿元，同比下降 44.89%。其中，留归单位的股权收入为 1.79 亿元，同比下降 14.80%；奖励个人的股权收入为 1.60 亿元，占股权收入总额的 47.27%，同比下降 56.52%，且奖励个人的股权收入全部用于奖励研发与转化主要贡献人员。由此可见，2020 年高校院所的现金收入及分配处于迅猛提升状态，而股权收入及分配处于下跌状态。

在"十三五"期间 5 年存续单位统计情况中，除 2020 年的现金收入一枝独秀外，其余年份的现金收入和股权收入，以及 2020 年的股权收入都相对平稳，如图 9-2 所示。现金收入和股权收入的分配情况如图 9-3 和图 9-4 所示。现金收入方面，2016—2017 年奖励

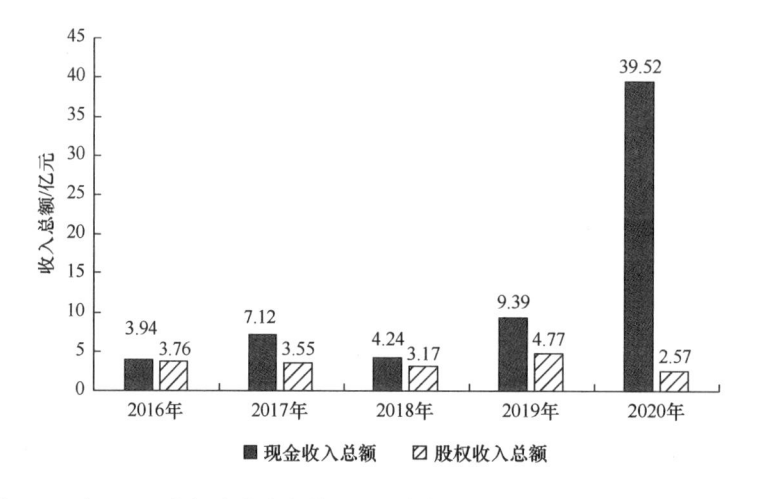

图 9-2 "十三五"期间广东省高校院所现金收入、股权收入总额年度对比情况

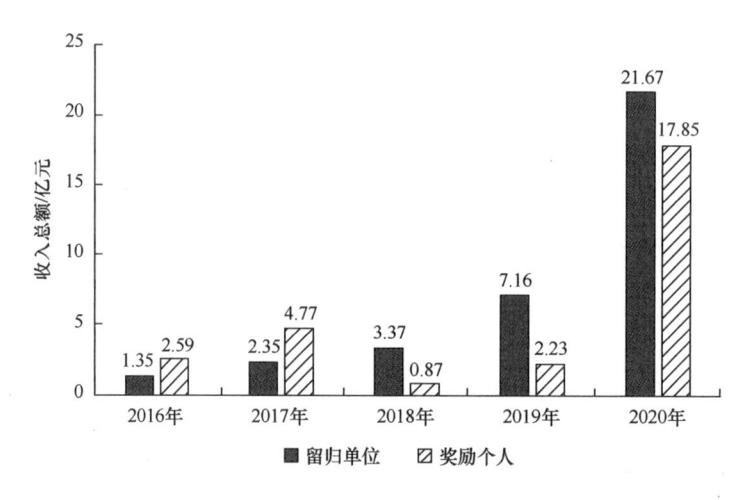

图 9-3 "十三五"期间广东省高校院所现金收入年度分配情况

个人更多，2018—2020 年留归单位更多。股权收入方面，除 2017 年外，其余年份均奖励个人更多，这在某种程度上反映出科研人员对作价投资项目的话语权更大，主要原因是此类项目合作周期更长，需要投入的精力和输出的隐形知识更多。

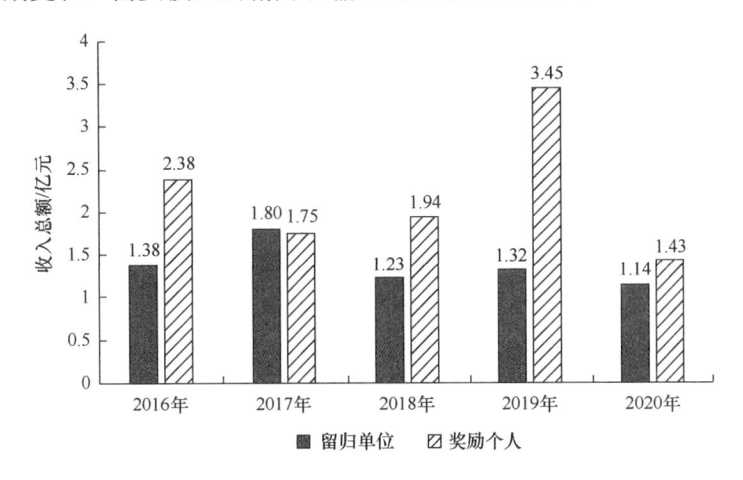

图 9-4 "十三五"期间广东省高校院所股权收入年度分配情况

9.1.2 奖励人次情况

2020 年，广东省获得科技成果转化奖励的人员有 19204 人次。其中，获得现金奖励的有 19069 人次，同比增长 184.40%，人均获得奖励金额为 118.76 万元；获得股权奖励的有 135 人次，同比下降 14.65%，人均获得奖励金额为 118.76 万元。

5 年存续单位在"十三五"期间的年度具体情况与 2020 年相似，股权奖励人次少，但人均奖励金额大，现金奖励人次多，但人均奖励金额小；从走势看，现金奖励人次一直上升，股权奖励人次也稳步上升，但 2020 年有所回落；现金和股权的奖励金额则一直处于上下波动状态，所以对应的人均奖励金额也随之上下波动，如表 9-1 所示。

表 9-1 "十三五"期间广东省科技成果转化总体奖励情况

年 度	奖励人次/人次	总奖励金额/亿元	人均奖励金额/万元	奖励方式	奖励人次/人次	奖励金额/亿元	人均奖励金额/万元
2016 年	2716	4.97	18.31	现金	2677	2.60	9.70
				股权	39	2.38	609.57
2017 年	3859	6.52	16.90	现金	3806	4.77	12.53
				股权	53	1.75	330.82

（续表）

年　度	奖励人次/人次	总奖励金额/亿元	人均奖励金额/万元	奖励方式	奖励人次/人次	奖励金额/亿元	人均奖励金额/万元
2018年	4621	2.82	6.10	现金	4484	0.87	1.95
				股权	137	1.94	141.97
2019年	5910	5.68	9.61	现金	5761	2.23	3.88
				股权	149	3.45	231.54
2020年	17233	19.28	11.19	现金	17104	17.85	10.43
				股权	129	1.44	111.31

9.2　高等院校和科研院所对比情况

2020年，高等院校科技成果转化获得现金收入和股权收入总额为23.62亿元，同比增长374.85%；科研院所为34.36亿元，同比增长109.77%。可见，高等院校收入总额虽低于科研院所，但增长幅度更大。高等院校收入总额中93.14%为现金收入，科研院所该比重为94.84%，二者比重相当。

整个"十三五"期间5年存续单位中，高等院校与科研院所的现金收入和股权收入总额年度对比情况与现金收入年度对比情况完全一致，2016年、2017年、2020年高等院校更高，且5年整体都呈J字形增长走势，如图9-5和图9-6所示；但股权收入总额整体呈年度高低起伏状态，而在年度对比情况方面，高等院校除2018年外其他年份都比科研院所要高，2016年更是科研院所的9.16倍，2019年是其8.00倍，如图9-7所示。

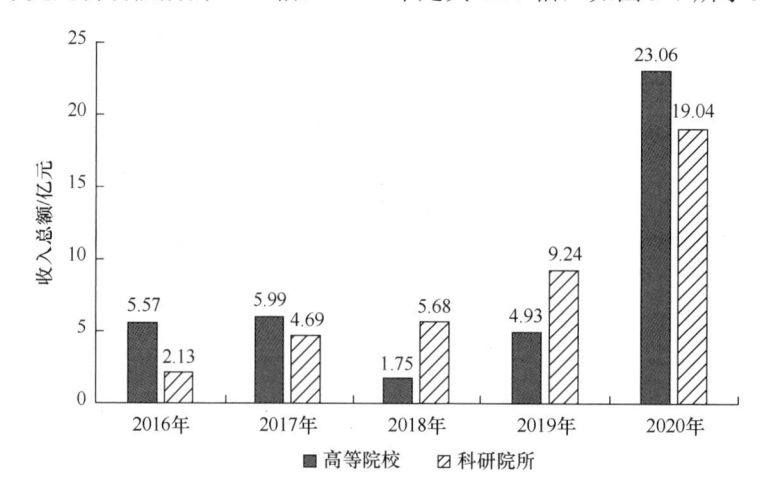

图9-5　"十三五"期间广东省高校院所现金收入和股权收入总额年度对比情况

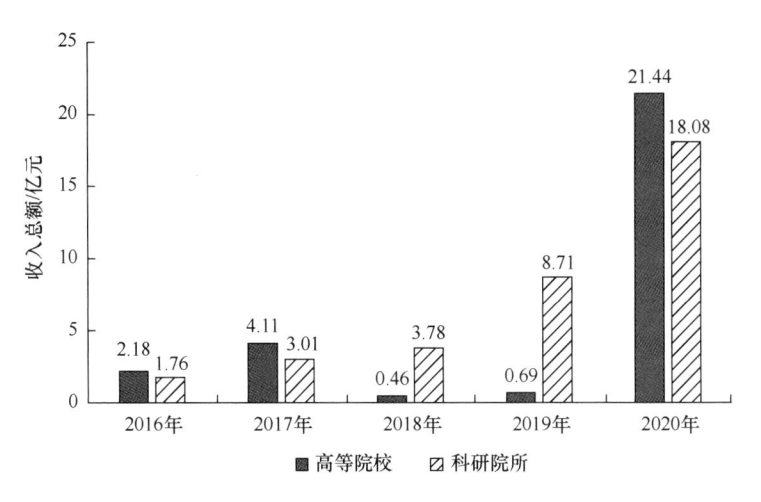

图 9-6 "十三五"期间广东省高校院所现金收入年度对比情况

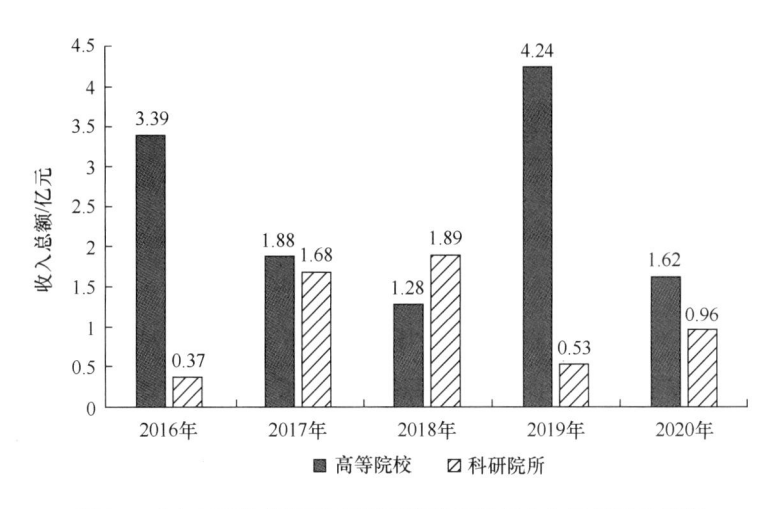

图 9-7 "十三五"期间广东省高校院所股权收入年度对比情况

专栏：典型案例

1. 中山大学

"结核诊断新技术"——转化收益的 10% 用于支付知识产权公司委托费，奖励单个发明人 559.09 万元

中山大学"结核诊断新技术"利用交叉学科的知识与技术，将病原生物学与免疫学的基础研究相结合，在结核诊断领域开发了相对灵敏、方便、高效、特异的结核诊断新技术。在结核治疗领域阐明了抗结核菌株载体干预可用于辅助治疗结核感染的重要作用，提供了相关抗结核新技术的制备，而用于治疗和结核病药物的发明，进一步解决了结核预防和治疗药物开发中的难题，成果具有重要的临床应用价值及广阔的开发前景。该项目在国家级课题和学校自筹资金设立的成果转化专项支持下，顺利开展临床研究，并由中山大学产业集团成立的广州中大知识产权服务有限公司负责转化项目的市场化和专业化工作，最终促成项目签约。经第三方评估公司估值后，该系列技术专利采用协议定价的方式进行转让，合同金额为800万元，已全额到账。其中，成果转化净收益的70%奖励给成果完成人，10%奖励给成果完成人所在院系，10%为学校收益，10%支付知识产权委托服务费。本成果奖励给发明人的金额为559.09万元，奖励人次为1人次。（源自2019年度报告）

2. 暨南大学

"创新抗肿瘤药物JND30134"——转化收益为8.55亿元和后续销售提成的4%～5%

急性髓细胞性白血病（AML）是髓系造血干细胞恶性疾病，临床上迫切需要选择性靶向药物提升AML患者的生存期限并改善其生活质量。暨南大学药学院药物化学与生物研究所丁克教授团队基于Flt3和Axl有效治疗AML的靶点确认、明确的作用机制研究，采用基于结构的药物设计策略，开发出Axl和Flt3双重抑制剂JND30134，并经过体内外药效学研究等一系列成药性研究，最终确认JND30134为候选化合物。JND30134的开发不仅有望帮助AML患者克服对Flt3抑制剂类药物的临床获得性耐药，改善AML患者的治疗效果，给肿瘤患者带来福音，而且能产生巨大的经济效益和社会效益，提升国家生物医药产业水平。该成果经科技成果转化咨询委员会论证，由技术转移中心根据《暨南大学加快科技成果转化实施方案》及相关办事流程等，以实施许可的方式转移转化至上海海和药业进行临床前及药物临床研究，转化收益为8.55亿元和后续销售提成的4%～5%，现已到账500万元。在成果转化收益分配中，暨南大学和中国科学院上海药物研究所按1:1进行收益分配；85%奖励给成果完成人团队，奖励人次为9人次，已到账212.5万元；15%留归学校（5%奖励给成果完成人团队所在院级单位），已到账37.5万元。（源自2019年度报告）

3. 华南农业大学

"禽流感病毒二阶灭活疫苗技术"——奖励科研团队1544万元

华南农业大学廖明教授团队历时6年研制出国际上首个专用于水禽的"H5亚型禽流感灭活疫苗"。该项研究成果以定额分别许可给青岛易邦生物工程有限公司和乾元浩生物股份有限公司,合同金额均为625万元,实际到账总金额为1250万元;此外,以许可费+销售提成的方式与广州市华南农大生物药品有限公司签订技术许可合同,许可费为187.5万元,销售提成为492.5万元。该项研究成果转化总收益为1930万元,其中1544万元(80%)奖励给科研团队。(源自2017年度报告)

4. 广州软件应用技术研究院

"广东省疫苗追溯监管平台"——转化收益全部由团队内部统筹分配

广州软件应用技术研究院研发团队22人历经1年开发出广东省疫苗追溯监管平台。该平台严格按照相关标准体系建设,能够实现灵活、高效的数据实时分析统计,并支持多部门信息的实时交互、业务的有机配合。该平台有助于疫苗监管部门及时追踪、科学决策、快速响应,将极大提升广东省药监局对省内疫苗信息追溯监管的整体水平,维护公共卫生安全和社会稳定。该成果通过技术服务方式转化,与数字广东网络建设有限公司签订为期1年的技术服务合同,合同金额为434万元,转化收入全部由项目研发团队内部统筹分配。(源自2020年度报告)

5. 广东省科学院

"冬虫夏草人工培育技术"——股权收益奖励给团队,现金收益用于后续研究

广东省生物资源应用研究所韩日畴研究员团队在企业资助下,研究出了冬虫夏草人工培育技术,获得3项专利技术成果。该系列研究成果以1800万元转让进行产业化,其中1500万元作为股权成立产业化公司(公司注册资本为5000万元)。项目资助企业获股权收益1050万元(占总转化收益的58.33%);研究所获股权收益450万元,另获现金收益300万元,占总转化收益的41.67%。研究所为产业化公司的产品开发、人员培训及后续技术研发提供技术指导,并派出至少5名技术人员参与产业化公司生产基地的现场指导或技术攻关。研究所将450万元的股权收益奖励给成果研发人员(占成果转化收益的60%),300万元现金收益(占成果转化收益的40%)投入该项目的后续研究。(源自2017年度报告)

第 10 章　兼职创业和创设参股新公司情况

兼职和离岗创业人员，是指经单位审批程序批准，在外兼职或进行离岗创业（且保留人事关系）的人员。《中华人民共和国促进科技成果转化法》《国务院关于印发实施〈中华人民共和国促进科技成果转化法〉若干规定的通知》（国发〔2016〕16 号）等政策法规，为研究开发机构、高等院校科研人员兼职从事科技成果转化和离岗创业提供了重要保障。

10.1 兼职创业和离岗创业情况

2020年,广东省228家高校院所中有49家有在外兼职从事科技成果转化和离岗创业人员,总人数为1050人,同比下降3.09%,下降幅度与全国的3.0%基本持平。49家高校院所中30家为高等院校,兼职从事科技成果转化和离岗创业人数为624人,同比下降13.89%;19家为科研院所,人数为426人,同比增长17.07%。

根据5年存续单位数据分析,"十三五"期间在外兼职从事科技成果转化和离岗创业高潮出现在2017年和2019年;而5年间,兼职从事科技成果转化和离岗创业的主力基本上集中在高等院校,科研院所的人员比例相对很小,如图10-1所示,其涉及很多因素,包括单位性质、政策偏向等,如很多科研院所本身就是新型研发机构,专门从事科技成果转化活动,因此无所谓在外兼职或离岗创业。

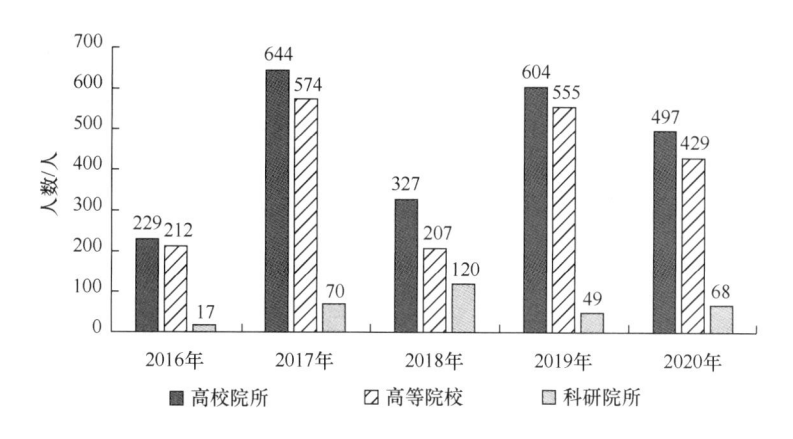

图10-1 "十三五"期间广东省高校院所在外兼职从事科技成果转化人员和离岗创业人员年度对比情况

10.2 创设和参股新公司情况

2020年,228家高校院所中有63家创设和参股新公司,创设或参股新公司总数为527家,同比增长36.69%,增速高于全国的28.9%。其中,高等院校有22家,其创设和参股新公司数为183家,同比增长135.14%;科研院所有41家,其创设和参股新公司数为 344 家，同比增长 9.09%。

根据 5 年存续单位数据分析，"十三五"期间广东省高校院所创设和参股新公司数量节节攀升，高等院校和科研院所所占比重互有高低，但二者总体均呈稳步上升趋势，如图 10-2 所示。这表明广东省高校院所产出的高价值项目逐年上升，且创新创业热情持续高涨。

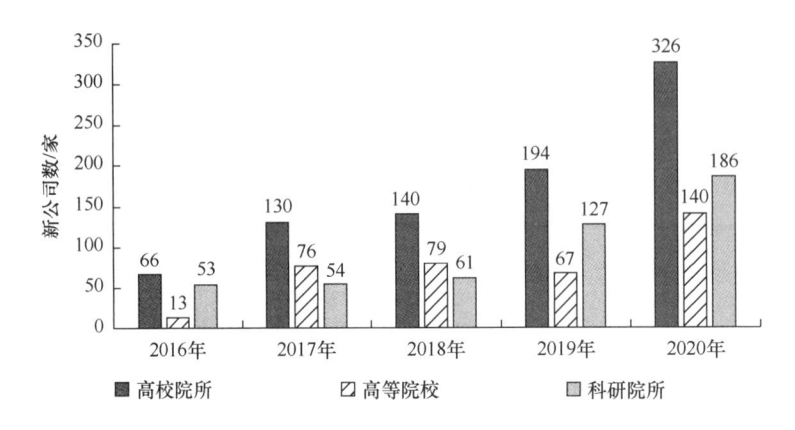

图 10-2 "十三五"期间广东省高校院所创设和参股新公司数年度对比情况

专栏：典型案例

1. 中山大学

专利入股半导体产业化公司，打造中国第三代半导体材料、器件、封装和应用的研发中心及产业化基地

2016 年 5 月，江苏华功半导体有限公司成立，注册资本 5 亿元，注册地为苏州市吴江区汾湖高新技术开发区。中山大学以 16 件专利作价 2500 万元入股该公司，由广州中山大学科技园管理有限公司代表中山大学持股，后续将以用股权所获收益的 70%奖励给项目团队的形式实现对发明人的奖励。该项目是学校专利成果转化实现价值最高的项目，相关技术的转化及推广对节约能源及保护环境具有重大意义。项目公司由中山大学、北京大学、中国电子信息产业集团有限公司（CEC）下属合肥彩虹蓝光科技有限公司及东莞市中镓半导体科技有限公司合作，共同投入专有技术和研发力量；由国广资本和大丰集团投入资金共同组建。公司核心业务涵盖以第三代半导体氮化镓（GaN）、碳化硅（SiC）为主的电力电子器件全产业链产品，包含：GaN 材料和芯片，半导体功率器件和模块封装，以及终端应用的开发、推广，开展研发、生产、销售和服务。公司集聚了国内外领先的技术和

经营团队,联合各方合作力量,产学研用结合,以共同打造中国第三代半导体材料、器件、封装和应用的研发中心及产业化基地为目标,矢志成为未来国际第三代半导体产业的领航者。(源自2016年度报告)

2. 清华大学深圳国际研究生院

以嵌入式云存储技术入股创立公司,组建国内第一个协作物联网技术创新产业联盟

嵌入式云存储技术,是清华大学深圳国际研究生院现代通信实验室围绕物联网技术开展的应用研究与基础理论研究相结合的成果。嵌入式云存储技术将物联网协作生态与通信协议层芯片开发相结合,重点解决非同源条件下的物联网设备间的数据协作和通信协作问题,该领域已经受到国内国际龙头企业的高度重视,包括华为、阿里巴巴、小米、格力、联发科、博通集成等都投入了超1亿元资金开展研发工作。清华大学深圳国际研究生院研发团队出的eNDOS操作系统、嵌入式云存储核心专利池及协作物联网解决方案,以1561.22万元技术入股创立重庆高开清芯科技产业发展有限公司,占股51%,并组织了超过20家电子、设备、芯片、设计方法学方面的国内外企业,组建了国内第一个协作物联网技术创新产业联盟,目前正在进行大规模的技术推广和应用,获得了良好的社会效益和经济效益。成果转化所获收益中研发团队占70%,研究院占30%。(源自2017年度报告)

先后两次技术入股成立并增资产业化公司,开辟我国医疗检测新方向

清华大学深圳国际研究生院针对目前国家在治疗诊断、生命科学和药物研发等重要领域创新研究的重大需求,以及精准医学时代提出的对大量标本中多种靶分子进行高灵敏度的精确定量检测的分析任务,基于相位测量、生物分子检测和多模态系统研发等方面的积累,从原理上进行创新,研发出一种具有自主知识产权的相位编码液相生物芯片技术,能为我国医疗领域提供一种高通量、多指标的血液检测分析方案,具有很高的实用价值。2019年,清华大学深圳国际研究生院以相关技术5件专利作价700万元,与广华创业投资有限公司联合发起成立广州广华深启科技有限责任公司,2020年以"液相生物芯片"技术6件专利作价700万元增资该公司,总计作价1400万元,占公司股权33%。(源自2020年度报告)

3. 广东省科学院

孵化无人机产业公司,入选广州独角兽企业

佛山中科云图科技有限公司成立于2019年9月,由广东省科学院佛山产业技术研究院孵化，由中国科学院院士周成虎创办，致力于"无人机+"与地理空间智能产品研发及技术服务，于2020年入选广州独角兽企业，获"中国地理信息科技进步奖一等奖""国家超算'天河之星'""2022地理信息最具成长性企业"等奖项，目前已发展成为国内领先的无人机遥感网运营商，已完成A轮融资，估值5亿元。（源自2020年度报告）

孵化稀土发光材料产业化公司，产品畅销国内外

广东粤科欣发新材料有限公司成立于2019年11月，由广东省科学院梅州产业技术研究院孵化，由广东省科学院稀有金属研究所发光团队创办。公司成立至今已完成200吨稀土发光材料生产线建设投产，建立了国内先进的稀土光电功能陶瓷研发与应用实验室，开发了近10种发光材料产品，产品通过多种国际权威检测机构认证。新冠疫情防控期间产品畅销国内外，呈现逆势增长趋势，实现当年投产、当年上规，促进了梅州市传统陶瓷产业的转型升级。（源自2020年度报告）

4. 南方科技大学

重大药物绿色合成技术作价入股成立企业，助力我国生物医药领域节能减排

针对国家与深圳市在生物医药领域提出的节能减排、低碳环保的绿色医药技术的重大战略需求，南方科技大学通过发展高效高选择性的还原、环化和药物合成策略，深入研究药物绿色合成中的挑战性问题，实现大幅度降低成本、提高药物质量、降低污染的重大药物绿色新工艺产业化，从而解决老百姓吃药难、药价昂贵等问题，减少"三废"产生，保护生态环境。南方科技大学将重大药物绿色合成技术以3503.00万元技术作价入股，成立技术股份制企业，并按协议规定的比例获得相应股权，通过"技术+资本"的融合实现了科技成果转化。南方科技大学将成果收益的40%奖励给成果持有人，30%作为成果完成人的后续科研经费，15%奖励给成果完成人所在院系作为科研发展基金，15%作为学校发展基金。本成果奖励成果人金额为2275万元。（源自2017年度报告）

专有技术转化的实践样本，在商业秘密保护和成果转化间取得平衡

南方科技大学项目团队目前已建成高性能陶瓷粉体合成实验室，5G微基站用陶瓷滤波器是实验室重要研究方向之一。南方科技大学于2019年6月成立深圳南湾通信有限公司，并通过货币出资、知识产权及专有技术出资的方式，授权给深圳南湾通信有限公司3件中国实用新型专利及1件专有技术（陶瓷粉体配方）的排他许可权。以上

3件实用新型专利及1件陶瓷粉体配方的专有技术涉及陶瓷粉体的核心技术,通过技术入股获得公司股权价值为3500万元。与直接将专利作价入股设立公司的方式不同,南方科技大学在将陶瓷粉体配方作为核心技术出资入股的同时,注重商业秘密的保护,具体体现在不对外披露陶瓷粉体配方,而是在协议中约定实现相关技术的参数指标,既完成了专有技术的转化,又有效保护了南方科技大学的知识产权成果。(源自2019年度报告)

5. 中国科学院深圳先进技术研究院

与基金公司合作成立合资公司,进军新能源电池领域

中国科学院深圳先进技术研究院历经3年研发出基于铝箔为负极的新型高效低成本储能电池,该电池直接采用铝箔同时作为电池负极和集流体,替代了传统锂离子电池的石墨负极和铜箔集流体。这种构造不仅可以有效降低电池自重和体积,显著提高质量和体积能量密度,而且大大降低了生产制造成本,同时具有广泛的普适性。研究结果表明,采用钴酸锂为正极、铝箔为负极的全电池能量密度可达到263Wh/kg,比目前锂离子电池的能量密度提高了35%～40%,同时制造成本至少降低40%,可提高我国新能源电池在国际上的竞争力,且该电池体系易回收,可以大幅减少污染,中国科学院深圳先进技术研究院经过1年的时间与各电池生产企业和基金公司沟通,选定了其中一家具有产业背景的基金公司作为投资人,成立合资公司,公司注册资本1亿元,中国科学院深圳先进技术研究院以无形资产出资6500万元,占股65%。(源自2017年度报告)

6. 广东华中科技大学工业技术研究院

研发团队直接成立产业化公司,实现无人艇技术多领域应用

广东华中科技大学工业技术研究院于2015年引进了由辽宁舰总设计师朱英富院士担任团队顾问的无人艇创新团队,该团队是第五批广东省"珠江人才计划"创新团队,共有核心成员10名,其中包括1名"嫦娥三号"探月工程登陆核心技术攻关专家、3名IEEE Senior Member(国际电机电子学会资深会员)、2名全球高被引科学家。团队主要开展全自主无人艇关键技术研究,重点突破环境感知、路径规划与自主控制及多艇协同等多项无人艇关键技术。其中,自主无人艇集群相变调控技术国际领先,基于视觉的水面动态目标感知方面国际先进。团队先后研制出HUSTER-68、HUSTER-12S、HUSTER-30等HUSTER系列型号的无人艇,以及运动控制套件、矢量喷水推进器等多个核心功能部件。目前,团队已与中船重工701研究所、中船重工702研究所、江南大学、广州海关等一批高校及企事业单位开展合作,在航道视频监控、水面巡逻、远程水样取样、垃圾清理等领域开展了示范应用。团队成立了产业化公司东莞小豚智能技术有限公司对相关技术成果进行转化,已累计新增销售收入113.79万元,产业化公司估值4000万元,已获天使轮融资。(源自2020年度报告)

第 11 章 技术转移机构建设情况

为促进科技成果转移转化,国家鼓励企业与研究开发机构、高等院校及其他组织采取联合建立研究开发平台、技术转移机构或者技术创新联盟等产学研合作方式,共同开展研究开发、成果应用与推广、标准研究与制定等活动。研究发现,部分高校院所根据自身特点建立了专门的技术转移机构,科技成果转移转化服务工作不断向专业化、高效化发展。

11.1 技术转移机构情况

高校院所依托开展科技成果转化服务工作的技术转移机构分为自建技术转移机构和与之合作的市场化技术转移机构。2020年,广东省高校院所中有70家单位自建技术转移机构,自建技术转移机构数量为109家,同比下降20.00%,全国实现16.8%的正增长,70家高校院所平均自建技术转移机构1.56家。在70家单位中,有37家为高等院校,自建技术转移机构数量为58家,同比下降17.91%,平均自建技术转移机构1.57家;有33家为科研院所,自建技术转移机构数量为51家,同比下降22.41%,平均自建技术转移机构1.55家。

2020年,广东省有59家高校院所与市场化技术转移机构开展合作,合作机构总数为213家,同比下降3.06%,全国实现7.7%的正增长,59家高校院所平均合作开展科技成果转化的市场化技术转移机构3.61家。在59家单位中,有28家为高等院校,共合作市场化技术转移机构87家,同比增长15.49%,平均每家单位合作机构3.11家;有31家单位为科研院所,共合作市场化技术转移机构126家,同比下降13.60%,平均每家单位合作机构4.06家。

可见,2020年,广东省无论是自建技术转移机构还是合作技术转移机构的增长速度都减缓,并与全国快速增长形成差距。高等院校与科研院所在平均自建技术转移机构数量上相差无几,但在合作市场化技术转移机构方面,科研院所的平均数更高。

针对5年存续单位的统计分析,广东省高校院所"十三五"期间自建技术转移机构加合作技术转移机构的数量除2020年有所下降外,总体呈上升趋势,各年度合作机构的数量都比自建机构要多,如图11-1所示。在高等院校和科研院所对比方面,二者在各年度互有高低,各自总体也呈上升趋势,如图11-2所示。

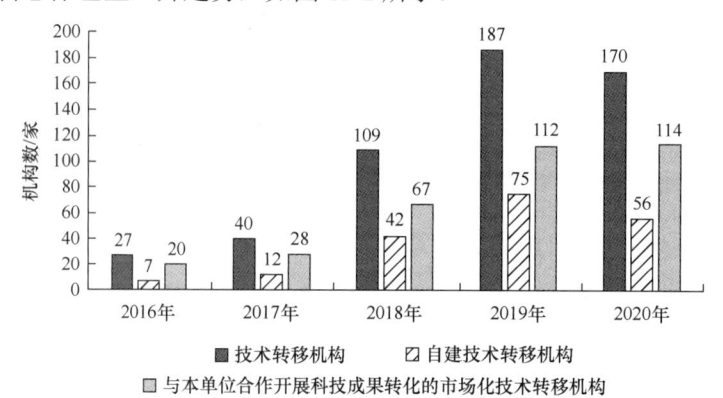

图11-1 "十三五"期间广东省高校院所自建技术转移机构与合作技术转移机构年度对比情况

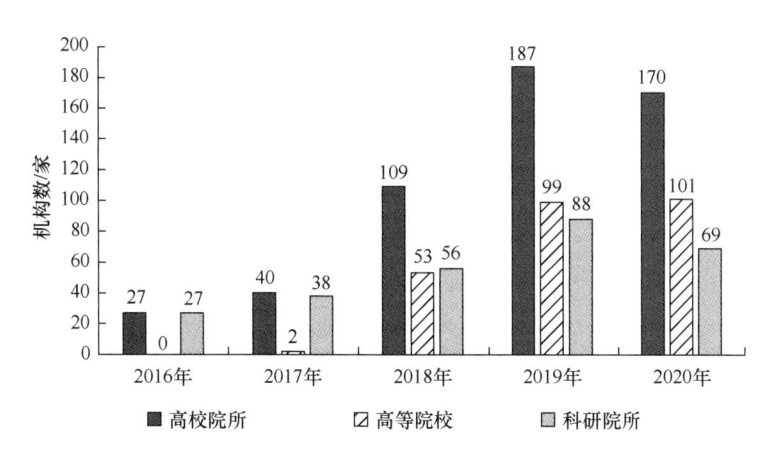

图 11-2 "十三五"期间广东省高校院所技术转移机构年度对比情况

> 专栏：典型案例

1. 中山大学

知识产权服务有限公司为学校及技术需求方合作提供全程协助

为了建立市场化机制，提升科技成果转化效率，实现专业人做专业事的理念，中山大学专门在下属全资子公司产业集团成立了广州中大知识产权服务有限公司，两块牌子，一套人马，与中山大学科学研究院联合成立中山大学技术转移中心，作为市场化运作平台，由技术经纪人、专利分析师、知识产权律师、融资顾问等组成专业化团队，利用多种模式拓宽科技成果转化渠道，搭建符合市场规律和科技成果转化规律的组织运行体系，开展知识产权价值评估、分析及科技成果转化等工作，为科技成果转化提供专业性的全流程服务。公司充分利用市场化模式推动科技成果转化，负责了解和收集行业企业的技术需求，开展中山大学与市场之间的精准对接，为学校及技术需求方的科技成果转让、许可、作价投资和其他合作事宜提供全程协助。近年来，学校实现转化知识产权数和转化金额连年增长。2020 年，公司促成学校及附属医院专利等成果转化近 100 项，转化金额达 143311.75 万元（含学校附属医院），项目对接近 300 项，到账金额 6630 万元，推动形成多项标志性转化成果，如白内障一类新药成果转化金额 13.8 亿元，结直肠癌的诊治和预后评价成果转化金额 2500 万元，产生良好的社会效益。同时，公司紧扣科技成果转化工作与学校人才培养、学科建设紧密结合这一主题，进行科技成果转移转化专业人才培养，促进科技成果转化与各学科建设相互融合，以科技成果转化促进学科发展。（源自 2017 年度报告及 2020 年度报告）

2. 广东省农业科学院

梳理授权，谈判价格，知识产权管理与成果推广中心在成果转化过程中发挥重要作用

广东省农业科学院水稻研究所一直致力于杂交稻优质化育种，经过长达 8 年的研发，成功培育出水稻不育系"泰丰 A"优质水稻品种。2011 年，水稻研究所与江西现代种业有限公司签署协议，将水稻不育系"泰丰 A"50%的品种权和使用权转让给江西现代种业股份有限公司。为规范国内市场"泰丰 A"的生产使用，加速"泰丰 A"组合在生产上的推广应用，2018 年 10 月水稻研究所再次与江西现代种业股份有限公司达成协议，将水稻研究所拥有的 50%使用权与开发权转让给江西现代种业股份有限公司（至此，江西现代种业股份有限公司拥有该成果 100%的使用权与开发权），而此次使用权与开发权转让收益为 600 万元。在促成该项成果转化过程中，水稻研究所内设的知识产权管理与成果推广中心发挥了重要作用。因本次转让的"泰丰 A"已在生产上使用多年，此前水稻研究所已授权多家种业公司使用"泰丰 A"组合，并和这些公司签署了多份协议，为不违反之前的授权，知识产权管理与成果推广中心花了大量时间梳理"泰丰 A"组合已授权情况，并就"泰丰 A"后续生产使用上潜在的价值与江西现代种业股份有限公司进行了多次沟通，就转让内容和转让价格开展了多次谈判，最终达成协议。截至 2018 年，"泰丰 A"已先后配制出"泰丰优 55""泰丰优 208"等多个优质高产组合，并通过国家和省级品种审定，系列品种种子市场上供不应求。"泰丰优"系列品种平均亩产 450 千克，按每千克优质稻谷比普通稻谷增值 0.5 元计，每年可新增经济效益 9 亿元。（源自 2018 年度报告）

3. 广东省科学院

与南方报业传媒集团合作建设"南方双创汇"平台，开展线上线下对接服务

广东省科学院与南方报业传媒集团实现全面战略合作，建设"南方双创汇"平台，合力打造广东科技成果转移转化市场交易平台，通过平台线上线下的对接服务活动，推动科技成果快速、有效地转移转化。具体方式包括组织院企对接活动，确保精准对接，组织联系区域或行业内龙头企业或众多的同行业小企业，收集汇总所需合作研发需求及转型升级的创新需求，同时组织广东省科学院该行业板块的研究所在相应专业领域有针对性地开展相关科研优势领域介绍和展示，协助双方面对面开展成果

（技术）需求交流对接。另外，组织科技人员开展科技成果转移转化，紧密对接地方产业技术创新等领域需求，实施科技特派员、先进技术项目推广等，动员科技人员深入企业开展技术咨询、技术服务、科技攻关、成果推广等科技成果转移转化活动，打造一支面向基层的科技成果转移转化人才队伍。"十三五"期间，广东省科学院不断创新科技成果转化体制机制，以建设一流研究机构和打造综合产业技术创新中心为引领，着力推动科技成果转移转化载体建设，培育市场化的技术孵化育成体系，构建覆盖广东省的"产业技术研究院—产业技术服务中心—企业工作站—科技特派员"体系化科技成果转化和产业技术服务载体，推动产学研深度融合，促进科技成果高效转化。（源自2019年度报告）

11.2 技术转移人员情况

2020年，广东省228家高校院所中有159家单位有专职从事科技成果转化的工作人员，人数为1283人，同比下降14.21%，平均每家单位拥有8.07个专职从事科技成果转化的工作人员，高于全国平均水平的7.7人。在159家单位中，有60家为高等院校，专职工作人员数为401人，同比增长4.47%，平均每家单位拥有6.68个专职工作人员；有99家单位为科研院所，专职工作人员数为882人，同比下降22.07%，平均每家单位拥有8.91个专职工作人员。可见，2020年，广东省在总体专职工作人员数量下降的情况下，平均每家单位拥有专职工作人员数依然高于全国平均水平。高等院校与科研院所相比，平均每家单位拥有专职工作人员数稍低。

针对5年存续单位的数据分析，"十三五"期间广东省高校院所专职从事科技成果转化的工作人员数量呈先升后降的趋势，且降幅要大于涨幅，刚好与前文技术转移机构的建设情况呈反向趋势。这说明，专职工作人员数量下降的原因包括依托自建机构建设水平的提升，专职工作人员业务能力更强、更专业，所需专职工作人员数降低；同时，合作的市场机构更多，高校院所本身也可减少专职工作人员。在高等院校与科研院所对比方面，除2019年和2020年高等院校的专职工作人员比科研院所略多外，2016—2018年都是科研院所的专职工作人员占了绝大比重，如图11-3所示，可见科研院所面向科技成果转化管理和服务的岗位更多。

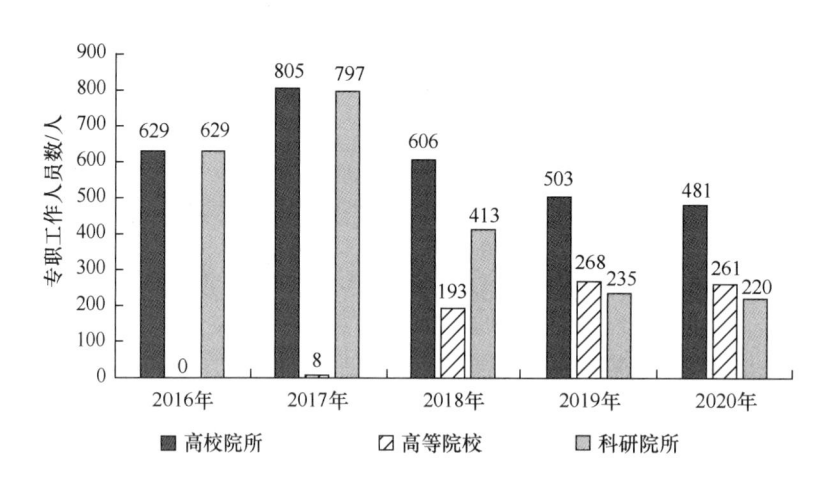

图 11-3 "十三五"期间广东省高校院所专职从事科技成果转化工作人员年度对比情况

11.3 与企业共建平台情况

2020 年，广东省 228 家高校院所中有 97 家单位与企业共建研发机构、转移机构、转化服务平台，共建 1002 个，同比下降 12.82%，全国实现 5.5%的正增长，平均每家单位共建机构、平台数为 10.33 个。财政资助建设机构、平台 157 个，同比下降 6.41%；中央财政资助建设机构、平台 21 个，同比增长 320.00%。在 97 家单位中，有 47 家为高等院校，共建各类机构、平台 602 个，同比下降 15.42%，平均每家单位共建机构、平台 12.81 个。其中，财政资助建设机构、平台 104 个，同比下降 19.35%；中央财政资助建设机构、平台 9 个，同比增长 200.00%。另外，50 家单位为科研院所，共建各类机构、平台 400 个，同比下降 8.37%，平均每家单位共建机构、平台 8 个。其中，财政资助建设机构、平台 53 个，同比增长 43.75%；中央财政资助建设机构、平台 12 个，同比增长 500.00%。可见，2020 年广东省高校院所整体与企业共建机构、平台的速度放缓，但中央财政对广东省共建机构、平台的支持力度加大。

根据 5 年存续单位的数据分析，"十三五"期间广东省高校院所与企业共建各类机构、平台的数量整体呈上升趋势，2020 年有所回落。高等院校本身在参与共建数量比科研院所更少的情况下，各年度与企业共建机构、平台的数量都比科研院所更多，并且差距十分明显，如图 11-4 所示。

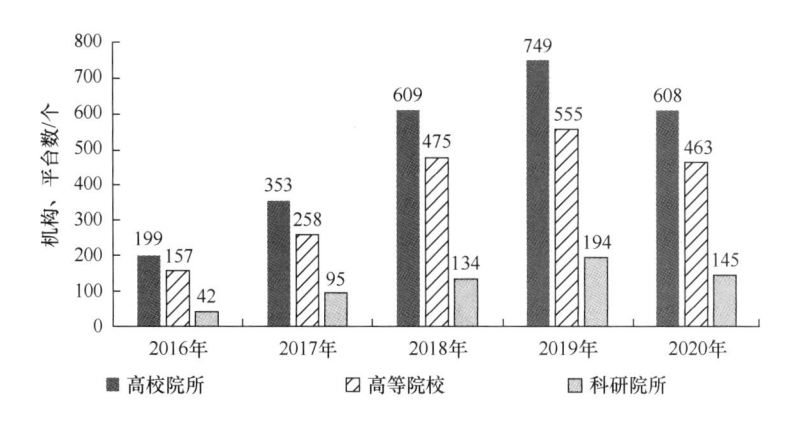

图 11-4 "十三五"期间广东省高校院所与企业共建研发机构、转移机构、转化服务平台年度对比情况

专栏：典型案例

1. 华南理工大学

创新性地提出"校企联合实验室"概念，与行业龙头企业建立稳定的产学研合作模式

华南理工大学创新性地提出"校企联合实验室"概念，以该种形式与行业龙头企业建立稳定的产学研合作模式，学校为企业提供技术支持，企业为学校提供产业化条件，从而实现强强联合、互利共赢，推动科技成果向生产力直接转化，为创新驱动社会发展做出"一流"贡献。"十三五"以来，华南理工大学已经与华为、美的、联想、金山等国内国际知名企业共同建设了 60 多家校企联合实验室，建设经费累计近 2 亿元，为企业提供了实质有效的技术创新支持，使企业获得了数百亿元的产业化效益，在服务粤港澳大湾区创新建设乃至相关国家战略技术发展方面发挥了重要作用。（源自 2019 年度报告）

2. 暨南大学

建立以地方研究院等新型研发机构为核心的科技成果转化平台体系

暨南大学近年来不断加快新型研发机构建设，建立科技成果转化服务网，加速科技成果转化。为将科技成果更快、更好地输送到地方，让科技人员在地方开展创新创业工作，学校建立了以地方研究院等新型研发机构为核心的科技成果转化平台体系，加快科技成果落到地方、落到产业、落到企业。目前，暨南大学已与广州市、深圳市、珠海市、佛山市、东莞市、韶关市、惠州市、肇庆市、中山市、江门市、茂名市、河源市、增城高

新区和安徽省宁国市等多个地市建立了校市合作关系,并已共建珠海暨南大学研究院、韶关暨南大学研究院、东莞暨南大学研究院、惠州暨南大学研究院和肇庆暨南大学研究院等,组建了协同创新中心、工程中心、产学研基地和校企联合实验室等近100个产学研平台。韶关暨南大学研究院和东莞暨南大学研究院已被认定为广东省新型研发机构。其中,东莞暨南大学研究院建立3年来,开发研究产品10余种,申请专利14件,备案登记计算机软件著作权2件;服务行业协会企业200余家,成立"粤港澳医药外包联盟",为国内外医药企业提供国际药品注册100余次,开展研发外包服务50多次,并顺利孵化了2家创业型企业。入驻的两个团队在2016年第五届中国创新创业大赛(广东·东莞赛区)中分别获得了总决赛冠军和亚军,为东莞市的生物医药产业发展做出了积极贡献。韶关暨南大学研究院的耐磨材料研发团队,通过成果转化和技术服务,建立了产业技术联盟,制定了多项行业标准,服务于韶关东南轴承有限公司、韶关液压件厂有限公司等一批地方企业,多种技术产品已实现产业化,取得的经济效益支撑该团队获得2015年国家科技进步奖二等奖。另外,韶关暨南大学研究院于2016年获批国家级工程中心——高性能金属耐磨材料技术国家地方联合工程研究中心(广东)。(源自2016年度报告)

3. 清华珠三角研究院

与香港浸会大学合作成立"粤港创新药物和显像技术研发中心",创新港澳科技成果转化模式

癌症药物及显像技术项目是清华珠三角研究院依托粤港澳创新中心与香港浸会大学联合培育的科技成果转化项目,由香港浸会大学化学系主任黄嘉良教授领衔。项目团队针对传统抗癌药物顺铂难以选择性抑制鼻咽癌肿瘤细胞、毒副作用大,前列腺癌传统生化诊断方法复杂、准确度不高,传统核磁共振造影剂缺乏靶向性、弛豫效能较低、有毒副作用等问题,在鼻咽癌药物、前列腺癌检测及相关MRI造影剂等技术方向进行持续研发,积累了丰硕的科技成果。清华珠三角研究院创新港澳科技成果转化模式,探索实施了"共建研发平台+股权投资""共享研发资源+落地孵化"等灵活的合作形式。一方面,清华珠三角研究院以高校科技成果的产业化为出发点,依托粤港澳创新中心与黄嘉良教授团队联合成立"粤港创新药物和显像技术研发中心",粤港澳创新中心提供数百万元港币研发资金和研发场地等支持,保障科研团队有稳定开展研发的条件和环境。其中,部分研发资金支付至香港浸会大学,用于支持港方实验室建设,以及项目团队对癌症药物和显像剂项目相关技术的持续开发；剩余部分研发资金用于支持在清华珠三角研究院内建设粤港创新药物和显像技术研发中心，用于研发场地装修、研发设备购置、有关药物开发的临床前研究等研发工作开支。另一方面，清华珠三角研究院通过投资平台广华创业投资有限公司，对团队成立的产业化公司进行股权投资，助力公司发展。目前，项目针对新靶点开发的全新鼻咽癌治疗药物正按计划进行试验。产业化公司已获得中国香港特别行政区政府创新科技署"大学科技初创企业资助计划""香港特区政府研究配对补助金计划"、香港科学园"生物科技创业培育计划"、清华珠三角研究院及市场化股权投资等方面的资金支持，科技成果转化工作得以顺利推进。（源自2019年度报告）

4. 广东药科大学

依托学校健康产业孵化基地，与专利受让企业合作成立生物科技研究院

广东药科大学潘育方教授团队通过实验证明白多糖对糖尿病小鼠血糖恢复具有明显效果，推动了白多糖在制备治疗糖尿病药物中的应用。该发现在2013年被授予专利，2020年与迪芬娜健康产业（深圳）集团有限公司签订专利权转让协议，并于2021年在广东药科大学健康产业孵化基地成立迪芬娜（广东）生物科技研究院。白多糖的提取原料白作为一种纯天然的植物，兼备降低西药副作用和价格低廉的优点，将给广大糖尿病患者带来福音。（源自2020年度报告）

11.4 满意度调查报告情况

2020年满意度调查报告统计发现，4成以上的高校院所认为技术转移机构在科技成果转移转化过程中发挥了重要作用。在265家高校院所中，45.28%（共120家）的高校院所认为技术转移机构在科技成果转移转化过程中发挥了重要作用，10.19%（共27家）的高校院所认为技术转移机构在科技成果转移转化过程中发挥的作用一般，7.17%（共19家）的高校院所认为技术转移机构在科技成果转移转化过程中发挥的作用很小，37.36%（共99家）的高校院所认为技术转移机构在科技成果转移转化过程中基本未发挥作用，如图11-5所示。可见，2020年认为技术转移机构发挥重要作用的调查对象并未过半，而超过3成的调查对象认为其基本未发挥作用。

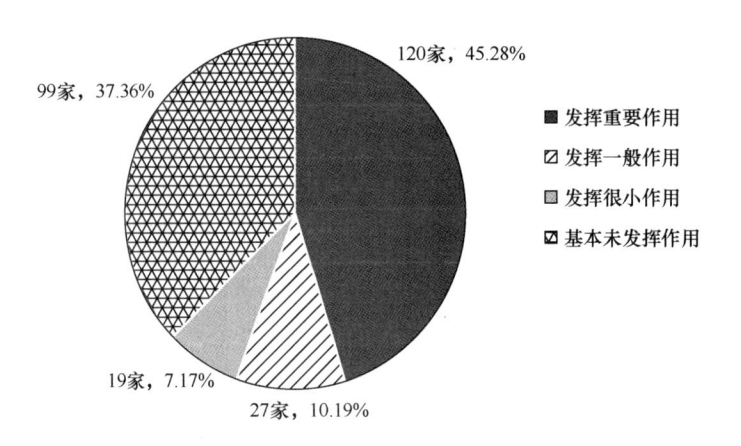

图 11-5　广东省高校院所 2020 年满意度调查报告情况

就高等院校而言，有 5 成以上的高等院校认为技术转移机构在科技成果转移转化过程中发挥了重要作用。在 95 所高等院校中，56.84%（共 54 家）的高等院校认为技术转移机构在科技成果转移转化过程中发挥了重要作用，11.58%（共 11 家）的高等院校认为发挥的作用一般，8.42%（共 8 家）的高等院校认为发挥的作用很小，23.16%（共 22 家）的高等院校认为基本未发挥作用，如图 11-6 所示。

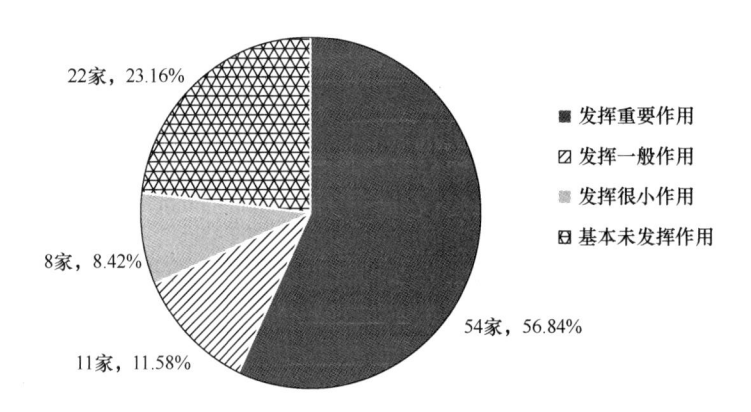

图 11-6　广东省高等院校 2020 年满意度调查报告情况

科研院所方面，3 成以上的科研院所认为技术转移机构在科技成果转移转化过程中发挥了重要作用。在 170 家科研院所中，认为技术转移机构在科技成果转移转化过程中发挥了重要作用的占 38.82%（共 66 家），认为发挥了一般作用的占 9.41%（共 16 家），认为发挥了很小作用的占 6.47%（共 11 家），认为基本未发挥作用的占 45.29%（共 77 家），如图 11-7 所示。可见，2020 年科研院所对技术转移机构的满意度整体上低于高等院校。

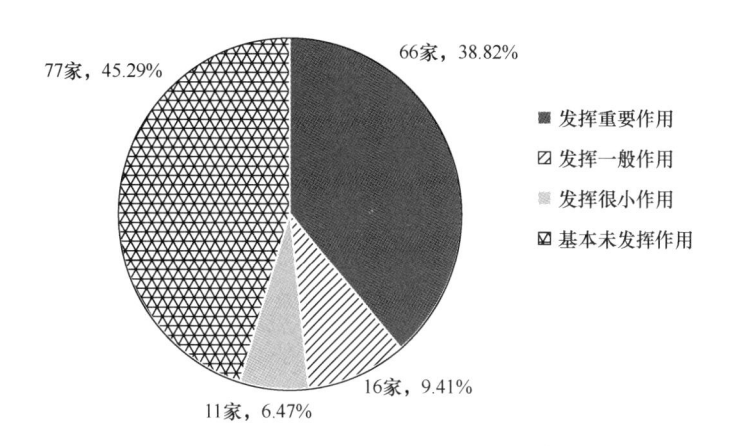

图 11-7 广东省科研院所 2020 年满意度调查报告情况

2019 年满意度调查报告统计发现，4 成以上的高校院所认为技术转移机构在科技成果转移转化过程中发挥了重要作用。在 218 家高校院所中，44.95%（共 98 家）的高校院所认为技术转移机构在科技成果转移转化过程中发挥了重要作用，10.55%（共 23 家）的高校院所认为技术转移机构在科技成果转移转化过程中发挥的作用一般，6.88%（共 15 家）的高校院所认为技术转移机构在科技成果转移转化过程中发挥的作用很小，37.61%（共 82 家）的高校院所认为技术转移机构在科技成果转移转化过程中基本未发挥作用，如图 11-8 所示。可见，2019 年的调查结果与 2020 年基本相似，认为技术转移机构发挥重要作用的调查对象亦未过半，超过 3 成的调查对象认为其基本未发挥作用。

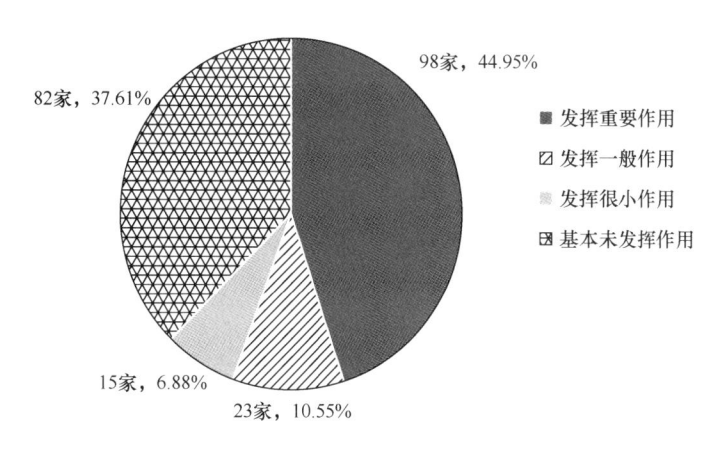

图 11-8 广东省高校院所 2019 年满意度调查报告情况

就高等院校而言，有 5 成以上的高等院校认为技术转移机构在科技成果转移转化过程中发挥了重要作用。在 86 所高等院校中，51.16%（共 44 家）的高等院校认为技术转移机构在科技成果转移转化过程中发挥了重要作用，15.12%（共13家）的高等院校认为发挥的作用一般，5.81%（共5家）的高等院校认为发挥的作用很小，27.91%（共24家）的高等院校认为基本未发挥作用，如图11-9所示。

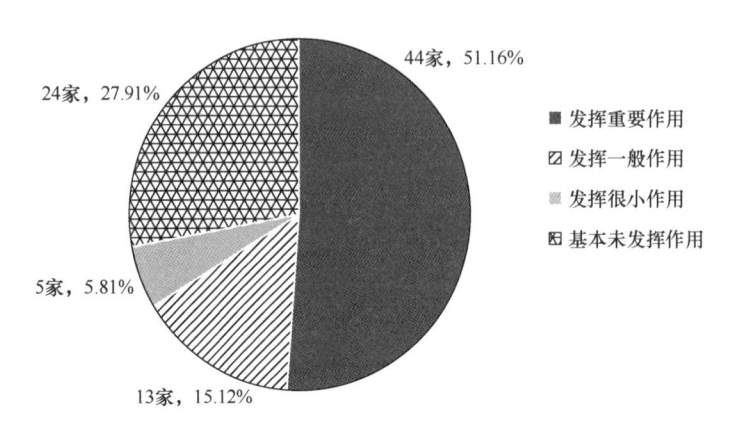

图11-9　广东省高等院校2019年满意度调查报告情况

科研院所方面，4成以上的科研院所认为技术转移机构在科技成果转移转化过程中发挥了重要作用。在132家科研院所中，认为技术转移机构在科技成果转移转化过程中发挥了重要作用的占40.91%（共54家），认为发挥了一般作用的占7.58%（共10家），认为发挥了很小作用的占7.58%（共10家），认为基本未发挥作用的占43.94%（共58家），如图11-10所示。同样，2019年高等院校与科研院所的对比调查结果也与2020年基本一致，高等院校的满意度整体高于科研院所。

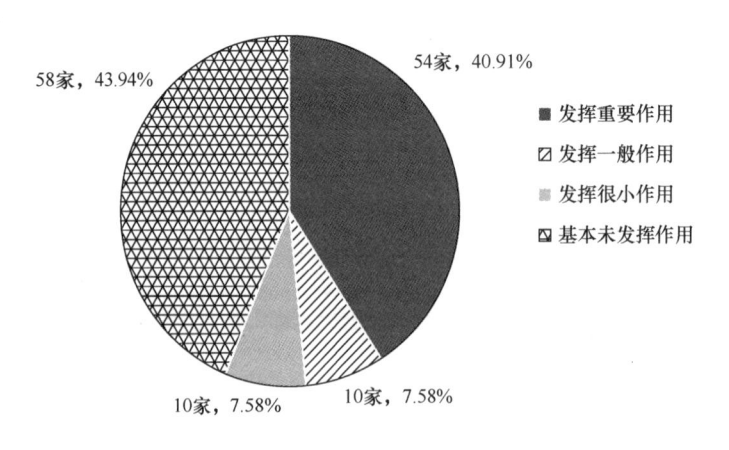

图11-10　广东省科研院所2019年满意度调查报告情况

第12章 工作案例

"十三五"期间,广东省高校院所积极落实以增加知识价值为导向的分配政策,不断强化科技成果转化全过程管理和服务,突出政策引导,突出质量优先,突出转化导向,突出管理支撑,在科技成果转化体制机制改革及服务体系建设方面取得了良好成效,并形成了单位特色化的工作模式。本章筛选7家单位,根据其提交的总结报告并结合调研情况,凝练呈现其科技成果转化特色经验。

12.1　华南理工大学

> **多措并举激励科研人员敢为、乐为、有为**
> **以校地、校企合作为纽带支撑区域产业发展**

华南理工大学科学研究始终坚持"四个面向",不断探索促进科技成果转化的高质量发展体制机制,组建了"一站式"服务的科技成果转化职能部门和管理服务团队,加大了科技成果转化的激励力度,创新了派驻企业科技特派员、建设"校企联合实验室"、共建"五院一园"科技成果转化创新示范区等科技成果转化举措,有效推动了国家重大战略和粤港澳大湾区产业发展前沿需求与学校科技成果的对接。根据《在穗主要高校支撑地方经济社会发展评价报告》,2018—2019年连续两年其总体支撑指数和科技成果转化指数均为100分,稳居广州市高等院校首位,先后被认定为首批"高校专业化国家技术转移机构建设试点"、首批"高等学校科技成果转化和技术转移基地"、首批"国家知识产权示范高校"和"国家知识产权战略实施先进集体"等。从20世纪80年代开全国风气之先的"星期六工程师",到2015年在全国高校率先出台鼓励科研人员创业的"华工十条",华南理工大学大刀阔斧地创新体制机制,充分激发科研人员的积极性,加速学校创新成果向经济主战场转移转化。

1. 建立系统完善的成果转化职能体系

2017年年底,学校为加速实现企业国有资产管理事项的高效决策,成立了科技成果转化及企业国有资产管理领导小组。领导小组由分管学校科技、资产、产业的主管校领导牵头,由科技成果转化涉及的相关部门(如资产管理处、资产经营有限公司、科学技术研究院、财务处、组织部、人事处和审计处等)负责人组成,监督员由纪委办公室负责人担任,审议或决定科技成果转化相关国资事项,加快推进科技成果转化相关工作,建立了较为完善、系统的科技成果转化职能体系。学校成立了科学技术研究院,全面负责科技成果转移转化和知识产权过程管理,培育了一支拥有专利运营管理、技术合同认定登记、技术经纪人资质的技术转移转化人才队伍,全链条服务科研人员开展科技成果转化事业,实现"一站式"服务。学校运营广东省唯一一家设立在高校并由高校运营的技术合同登记机构,负责广州市天河区共 20 家高校院所的技术合同登记工作,每年技术交易合同登记量达到 2000 项,合同登记金额超过 10 亿元,占广东省合同登记总量的 10%。

2. 制定战略文件,让科研人员敢为

以 2015 年出台的《华南理工大学服务创新驱动发展、进一步推进科技成果转化工作的若干意见》为纲领文件,2016 年修订《华南理工大学知识产权管理办法》,加强知识产权创造、运用和保护工作,鼓励师生员工积极从事发明创造及智力创作,促进科技成果转化和创新创业;成立知识产权委员会,明确组织管理架构,完善学校知识产权管理审批环节,加大了知识产权运用与科技成果转化奖励的力度。2018 年出台《华南理工大学科技成果转化管理办法(试行)》,明确学校科技成果转化各家机构在相关节点应负的职责,设立转化示范区,探索技术作价出资创办高技术企业科技成果转化路径,并明确将转化类项目收益的 70%以上奖励给科技成果完成人及其团队,鼓励师生员工积极从事发明创造及智力创作。

3. 落实评价考核激励措施,让科研人员乐为

自 2017 年起陆续修订《华南理工大学专业技术职务评审规定》,探索分类、分层次的人才考评体系,完善人才评聘体系增设工程及成果推广系列,对担任企业科技特派员及在学校各示范区内从事科技成果转化工作的科研人员,进一步放宽评价标准,支持创新创业活动,打通科技成果转化人员晋升通道,目前已有超过 10 名从事科技成果转化的科研人员获得工程及科技成果转化类高级职称。2019 年出台的《华南理工大学教学、科研与学科建设奖励办法》《华南理工大学科技人员取得职务科技成果转化现金奖励信息公示实施细则》,让科研人员享受政策红利,科技成果转化收益的 80%可减半计税后作为现金奖励给发明人,建立了以体现知识价值为导向的科技成果转化激励制度。"十三五"期间,共有 479 件专利和计算机软件著作权通过技术转让、许可或技术入股等方式实施转化,合同总经费超过 3.4 亿元。

4. 多措并举激发师生内生动力,引导培育高质量专利

学校通过修订专利资助办法、奖励政策等,引入发明专利占比、发明授权率和专利转

让指标，探索专利引导培育新模式，充分发挥高价值专利成果对"双一流"学科的支撑作用，激发师生提高专利质量和推动专利转化的内生动力，知识产权保护工作稳居全国高等院校前列。"十三五"期间，学校共申请各类专利 16274 件，其中，申请发明专利 12601 件，发明专利申请量占比超过 75%。学校获授权专利 9978 件，其中，授权发明专利 6063 件，发明专利授权量占比超过 60%。"十三五"期间，学校 PCT（专利合作条约）申请量达 546 件，在全国高等院校中排名前 5 位。"十三五"期间，学校共获得中国专利奖 22 项（其中，金奖 1 项，银奖 3 项，优秀奖 18 项），获奖总数名列全国高等院校前列、广东省高等院校首位。

5. 以"点线面"校地、校企合作为纽带支撑区域产业发展

学校深度融入服务区域创新发展，建立了企业科技特派员、校企产学研战略联盟和联合研发中心、地方区域创新平台等"点线面"结合的产学研深度融合技术创新体系。"十三五"期间，学校新签订自然科学类横向项目超过 8000 项，合同总经费超 55 亿元，横向项目数量和经费总量均居广东省高等院校首位、全国高等院校前列，为企业解决技术难题超过上万个，创造了显著的经济效益和社会效益。

一是选派科技特派员，深入产业一线，服务企业创新需求。聚焦科技服务企业发展，以自身的技术优势为进驻企业出谋划策，提供技术支撑，有力地助推了广东省产业转型升级。"十三五"期间，累计派出企业科技特派员 260 多名，深入广东省各类型企业开展科技创新服务工作，并深入粤东西北地区，助力科技脱贫。

二是共建联合实验室，对接学校优势学科和行业龙头企业。聚焦新能源、信息技术、人工智能、先进材料、生物医药等重点领域，主动对接珠三角地区龙头企业、知名企业，探索新工科研究和建设方向，共同建设一批校企联合研发中心。"十三五"期间，与华为、京信通信、广州数控、联想等企业共建了 88 家校企研发机构，促进了大批技术在企业直接得到应用，提升企业技术创新能力。

三是搭建"五院一园"科技成果转化示范区，加速高新技术成果的落地与产业化。聚焦国家重大战略发展需求，创新与地方共建的 5 家地方研究院和国家大学科技园（"五院一园"）创新创业示范区成果转化模式，承接学校创新成果在地方转化孵化。通过给予创新团队专业硕士研究生招生指标、给予专门人才评定政策、在中央高校基本科研业务费上设立成果转化类专项等措施，截至 2021 年年底，学校"五院一

园"共吸引各方投资超过 10 亿元，累计孵化高技术企业 270 余家（其中，新三板上市企业 1 家，国家专精特新重点"小巨人"企业 1 家，国家专精特新"小巨人"企业 2 家），加速了学校的创新成果进入市场，助力粤港澳大湾区构建面向全球的现代化产业体系，为区域从"制造驱动"向"创新驱动"转变、为加快建设创新型国家提供了有力的支撑。"五院一园"也因此分别获批了国家级科技企业孵化器、众创空间、中国产学研合作创新示范基地等荣誉资质，成为支撑粤港澳大湾区产业发展的重要创新力量。

12.2　广东工业大学

> **布局校地协同创新平台**
> **构建立体化成果转化体系**
> **实现科技成果高质量转化**

"十三五"以来，广东工业大学结合自身实际，遵循市场经济和科技创新规律，着力破解科技成果有效转化的政策制度瓶颈，集中资源和力量，畅通科技成果转化通道。明确职务科技成果转化管理架构和责任部门，完善科技成果转化流程；坚持"三个延伸"的建设理念，按照"八个一"的发展思路，打造"一平台一特色""一平台一学院"协同发展新格局，构建特色鲜明的广东工业大学成果转化体系；建立健全职务科技成果赋权的管理制度、工作流程、决策机制和转化收益分配机制，完善、细化科技成果转化实施细则；建立专利申请前评估制度、成果披露制度和风险防控机制，促进高价值成果的培育和转化，加强对职务科技成果的追踪管理；探索组建科技成果转移转化工作专家委员会，引入技术经理人等创新的专业化技术转移机制，提升专业化服务能力。

1. 建立产业技术研究与开发院

为统筹协调学校产业技术研发与校地平台的协同发展，着力推动学校科技成果转化和技术转移，2018年广东工业大学成立了产业技术研究与开发院（总院）。产业技术研究与开发院作为学校成果转化与技术转移的专职部门，全权负责学校的科技成果转化、产学研合作、校地校企合作等工作，同时统筹协调校地协同创新平台的建设与运行。产业技术研究与开发院组织架构如图12-1所示。

2. 协同创新平台与广东省产业深度融合

广东工业大学围绕装备制造、IC设计、工业设计、电子信息、先进材料、环境生态、生物制药等多个领域，在广州市、东莞市、佛山市、惠州市、河源市、汕头市等市建立了 12 个跨学科协同创新平台，近年来累计获得地方政府启动资金 10 亿余元，吸引社会投资超过 40 亿元，引进和培育高端技术团队 70 余个，引进高端人才 400 余名，培养创新创业人才近 10000 人次，累计申请专利近 1400 件，获授权专利 650 余件；累计孵化科技企业 800 多家，其中约 80 家高新技术企业、6 家新三板挂牌企业、1 家种子独角兽企业。学校与各平台深度对接市场、技术需求，服务地方产业转型升级，着力打造点、线、面、体"四维一体"的协同创新服务体系。

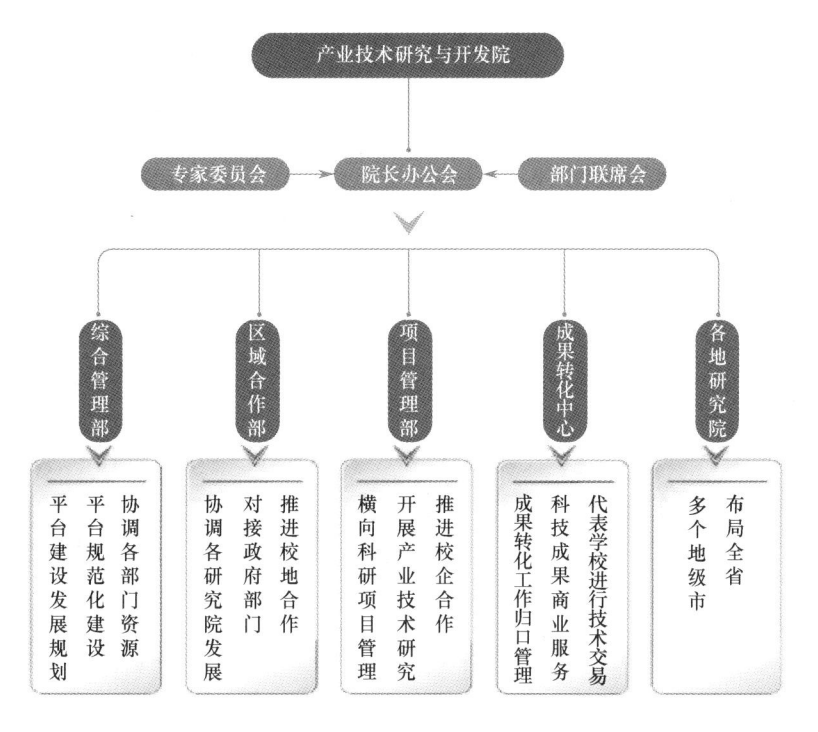

图 12-1　产业技术研究与开发院组织架构

3."点"转化：多技术、多学科领域的高度交叉和深度融合，联合实施重大项目应用转化

依托广东工业大学工科集群优势，通过技术合作/许可，实施校内多学科多技术交叉联合攻关项目超 200 个，形成一批示范产学研合作转化案例，解决企业研发、生产过程中的核心问题。"十三五"期间，学校实现专利转让和许可超过 350 项，转化收入近 2500 万元，其中，陈新教授团队面向电子装备点位操作的高速精密运动规划与测量技术及应用等 4 项成果，以及安太成教授团队的"一株具有甲胺降解能力的铜绿假单胞菌及其应用"发明专利均实现转让收入 500 万元以上。

4. "线"转化:"技术+人才+资金"多要素捆绑式的创新成果技术孵化

学校依托各协同创新平台建设了广东工业大学发展基金,采用"技术+人才+资金"捆绑式的创新成果转化模式,提供资金、场地等支持,引进针对行业应用细分领域的教授团队,撬动社会投资,"十三五"期间投资规模超 30 亿元,孵化团队超 160 个,实现总产值超 100 亿元,形成"一个难题、一个项目、一家企业"转化模式。截至 2021 年年底,广东工业大学教师在协同创新平台实现成果转化 364 项,引进广东工业大学教师在协同创新平台参与创新创业项目或成立公司的超过 1000 人次;各平台联合名校培养人才 3588 人,其中,与广东工业大学累计联合培养学生 1008 人,向地方输送创业就业人才近 10000 人次。

5. "面"转化:高校学科建设匹配广东地市产业,实现深度融合发展

实施"一平台一特色""一平台一学院"发展战略,打造一批扎根本地产业需求、与学院紧密联动的特色协同创新平台,形成"高校学科建设匹配广东省地市支柱产业、实现深度融合发展"的特色示范。目前,学校已经建立校地协同创新平台 12 个、校企创新平台 200 多个,全面覆盖广东省主导产业,牵头或参与组建产学研创新战略联盟 50 多个,服务企业超过 6000 家,解决企业技术难题 10000 多个,派出企业科技特派员 800 多人次,科技特派员人数排名广东省第 2 位。未来,学校将继续在广东省各地市布局协同创新平台,建立若干行业性成果转化平台,广泛聚集国内外行业科技资源,面向市场需求,深度对接产、学、研、用、介、金、政等各方诉求,统筹打造从分支基地到成果转化中枢的集团式成果转化基地,对接学校相关学科及高校资源,服务整个产业链,促成技术转移与成果转化落地。

6. "立体"转化:线上线下结合的网络式协同"创新驿站",形成线上线下相结合的转化方式

"智汇+"是广东工业大学打造的专业智能制造技术众包平台、高效技术转移平台、丰富创新创业服务平台,致力于解决智能制造领域的技术难题,实现传统制造技术与现代互联网技术的结合、提升工业智能化水平和工业竞争力,在库项目总数达 1200 多个,科技成果总数超 20 万项,已成为广东省知名的智能制造细分领域技术供需对接平台(见图 12-2)。此外,还有"智惠+""融合+"等服务平台。学校通过联动各地市的校地平台,打造线上线下结合的网络式协同"创新驿站",形成线上线下相结合转化的特色示范。围绕相关国家重点产业发展战略及广东省制造业新一代信息技术、高端装备、石化与新材料、生物医药等重点支柱产业,建立了一个集企业、省内高等院校、科研院所创新产品和技术于

一体的展示、体验、线上线下互动工业创新成果推广平台,依托"智汇+"等线上平台成熟的运营服务体系,打造一个资源富集、结构稳定、持续发展的线下运营总部,建设遍布广东省21市的集企业、产品、技术展示、体验、互动于一体的线下示范点,组成广东省线下服务网点(线下服务网点面向区域企业提供服务),实现省内示范点全覆盖,打造省内具有影响力的、国内有特色的工业创新成果应用推广全链条服务平台并实现应用推广,实现科技成果交易总额超2亿元,服务企业超10000家,发挥引领示范带动作用。

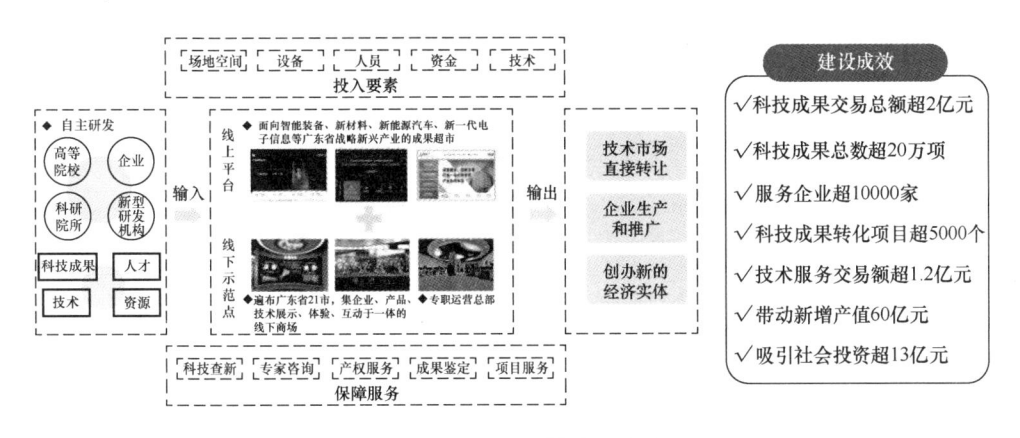

图12-2 "立体"转化出成效

7. "生态"转化:广东工业大学科技成果转化一体化生态网络

联合广东省21个市政府,整合了广东工业大学、各地市机构力量及全省科技服务机构等100多家资源,打造广东工业大学科技成果转化特色生态网络,已经形成覆盖全省的科技成果转化一体化生态网络(见图12-3)。

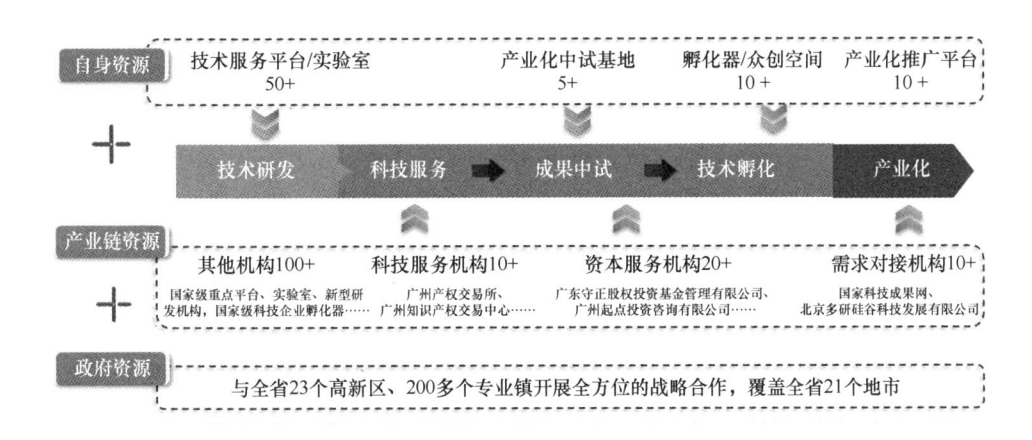

图12-3 广东工业大学科技成果转化一体化生态网络

113

8. 抓成果，形成了协同创新领域的"广工现象"

学校在电子信息、高端装备制造、北斗卫星导航、物流装备、医疗器械及智能制造等战略性新兴产业的前沿科技、关键技术研发方面取得了一批国家级、省级重大科技成果，创新能力大幅提升，同时服务于广东省地方产业转型升级创新驱动，产生了巨大的社会效益和经济效益，荣获"中国产学研合作创新奖"，在"在穗主要高校支撑经济社会发展能力"排名中列前 3 位［《在穗主要高校和科研院所支撑地方经济社会发展评价报告（2018）》——广州日报数据和数字化研究院（GDI 智库）］。

12.3　华南农业大学

"放权"与"让利"，营造良好的成果转化环境

华南农业大学以建设农业特色世界一流大学为目标，科学布局，开拓创新，积极探索科技成果转化新模式，努力完善科技成果转化体系，瞄准"一带一路"建设和粤港澳大湾区建设的重大需求，立足全局，从知识产权管理、横向项目管理、成果转化管理的顶层制度设计入手，建立制度健全、机制完备、操作合理合法的科技成果转化工作体系，积极推进学校科技成果转化工作的健康发展，扎实发挥科技成果转化推动地方经济高质量发展的作用。

学校先后修订了《华南农业大学横向科技项目和经费管理办法》《华南农业大学知识产权管理办法》《华南农业大学促进科技成果转化管理办法》，从制度设计着手，积极落实国家和地方关于科技成果转化的政策，通过对科技成果转化工作的"放权"与"让利"，营造良好的科技成果转化环境和氛围，提高学校教职工从事科技成果转化的积极性和主动性，推动学校与地方、行业协同创新。

1. 延长横向经费使用时间

为进一步调动学校科技人员承担横向科技项目的积极性，项目负责人可根据项目研究需要，提交预算调整申请，经所在单位审核审批通过后可进行预算调整，进一步提高了横向项目经费使用的灵活性；横向项目完成合同任务且办理结题手续后，结余经费保留在原经费账户继续使用 4 年，用于科研活动支出，也可以科研绩效的形式直接奖励项目组成员，此举延长了横向经费使用的时间，也为其他科研活动提供了经费支持，进一步解决了部分科研项目经费的支出难题。

2. 建立知识产权前期费用分摊并双倍返还机制

为加强学校的知识产权创造、运用、保护和管理，鼓励教职工发明创造和智力创作，学校进一步规范知识产权申请及审批流程，建立非正常专利申请惩戒制度，探索专利申请

前评估制度，建立高质量专利培育制度，进一步规范专利申请行为，提高了专利的申请质量、学校自主创新成果专利保护水平及可转化成果的创新性和实用性；建立了在专利权不切割情况下知识产权前期费用分摊并双倍返还机制；开展职务发明所有权改革探索，并按照权利和义务对等的原则，发挥费用分摊等方式的作用，促进专利质量提升。学校同时设立知识产权管理与运营基金，用于知识产权运营等工作，形成转化收益促进转化的良好循环。

3. 提高科研人员收益比例

为推动学校科技成果转化，促进科技与经济紧密结合，提高教职工从事科技成果转化的积极性，学校调整了科技成果转化收益分配比例。对采取许可实施或转让等方式转化科技成果的，可分配收益比例由原来的学校 5%、所在单位 15%、成果完成人（团队）80%，调整为学校 10%、所在单位 10%、成果完成人（团队）80%。取消了原来留作 30% 科研发展基金的硬性要求，提高了科研人员收益比例，激励了科研人员开展科技成果转化工作的积极性。同时，实行产权激励，对技术入股的持股规定"成果完成人（团队）所分配的股份可以由成果完成人（团队）按约定股比直接持有"，通过股权、期权、分红等方式，使发明人或者设计人合理分享创新收益。

4. 创新管理体系

学校相关管理部门通过建立可操作性强的科技成果转化政策体系和工作机制，探索科技成果转化运营管理模式，全面推进学校科技成果转化和技术转移工作。一是成立了华南农业大学科技成果转移转化中心（简称中心）。中心负责统筹推进全校科技成果的转移转化，组织开展科技成果的宣传、展示和洽谈交易，制定实施学校科技成果转移转化制度及探索科技成果资本化商业化运营模式等。二是建立了华南农业大学经营性资产管理委员会。经营性资产管理委员会举行例会，负责对学校经营性资产处置进行风险评估和民主决策，有效提高了学校知识产权风险防范能力，是学校经营性资产管理、知识产权运营和科技成果转化的"防火墙"，能够对学校从事相应经济活动进行科学的风险评估，有效规避学校承担连带经济、法律等方面的责任风险。

5. 合作项目创新高

"十三五"期间，学校与社会各界企事业单位、政府部门签订各类横向科技合同 2980 项，其中，技术开发、服务、咨询等合同 2847 项，合同金额 5.14 亿元；技术（专利、品种权、疫苗等）转让合同 88 项，合同金额 4313.24 万元；技术（专利）许可实施合同 45 项，合同金额 1556.42 万元。其中，2020 年横向科技项目经费到账 1.8 亿元，达到历史新高。成果"重组禽流感（H5+H7）三价灭活疫苗（H5N2rFJ56 株+rSD57 株，H7N9 rGD76 株）""重组禽流感（H5+H7）二价灭活疫苗（H5N2rFJ56 株，H7N9 rGD76 株）"和"重组禽流感灭活疫苗（H7N9 rGD76 株）"生产技术转让给 3 家公司生产，转让合同金额达 1750 万元；成果"泰地罗新"原料和注射液新兽药转让给公司生产，转让合同金额 275 万元；水稻品种权"华航 48 号"在广州举行的水稻矮化育种 60 周年纪念暨水稻产业科技大会上拍卖出了 48 万元的高价。

6. 合作机构频涌现

近年来，学校与广东颂春南药产业园科技有限公司合作成立民办非企业研究机构云浮市南药产业研究院；与肇庆市人民政府、肇庆大华农生物药品有限公司共同组建了华农（肇庆）生物产业技术研究院；与广东展翠食品股份有限公司共建华农（潮州）食品研究院；与深圳市京基智农时代股份有限公司合作建立京基智农（原康达尔）技术研究院。学校还分别与深圳市、云浮市、肇庆市、清远市、江门市、惠州市等地相关政府部门和龙头企业洽谈推进共建研究院工作，涉及微生物、南药、红茶、智慧农业、作物育种、食品加工、花卉、园林等产业，通过深入了解各地鼓励和支持科技创新资源落地的扶持政策，调研地方产业创新发展过程中急需的技术服务。

2019 年，学校被教育部认定为首批高等学校科技成果转化和技术转移基地。2020 年，学校被国家知识产权局、教育部认定为首批国家知识产权试点高校。2020 年，经中国产学研合作促进会评审，学校被认定为中国产学研合作创新示范基地。

12.4 南方科技大学

> **适配深圳创新链条**
> **建立全球化视野下的知识产权运营模式**

近年来，南方科技大学不断完善科技成果转化全生命周期服务，构建全过程创新生态链。学校通过搭建校企信息对接平台、建设产学研平台机构、培育高价值专利、促进科技成果转化、先行先试创新服务等，为推进教师的科研成果产业化应用，以及学校的产学研合作提供专业的、全流程的赋能服务。

1. 双向"一体化"的转化动能带动机制

实施"前向一体化"（从学校现有重点学科、重大成果出发，正向规划一批下游先进应用技术，通过项目带动和资源配置，组织学校下游学科联合进行攻关，产生一批高端技术）和"后向一体化"（依据国家、深圳市的发展战略和重大工程、大企业的重大需求，逆向分析、规划出支撑实现目标的系列技术，组织学校多学科联合攻关，产生一批前沿知识和高端技术，通过集成创新形成先进产品、系统或体系）的运作机制，将南方科技大学的基础研究优势转化为原始创新优势，将多学科优势转化为综合优势，推动创新科技成果快速转化为先进生产力。学校设立创新创业学院，建立以行业为导向的若干创新中心，构建围绕国家与区域发展战略需求、在国际同领域有相当影响的高端创新创业人才培养和高新技术研发与转化并举的高水平创新创业基地。

2. 多级联动的知识产权管理体系

2016年，南方科技大学成立技术转移中心，为学校一级职能部门，专门负责统筹管理学校知识产权和科技成果转移转化、保护与管理工作。学校实行"学校统一领导，技术转移中心归口管理，各部门协同合作"机制，建立多级联动的知识产权管理体系。①校级会议作为南方科技大学知识产权等产学研相关重大事项决策机构，由相关校领导、各学院代表、科研部、技术转移中心、审计室、财务部等职能部门共同讨论，实施科学论证，集体决策。②由技术转移中心负责学校技术转移事务的方案设定、协议草拟、商务谈判等，并联合委任第三方机构进行知识产权、法律及市场方面的尽职调查工作。③技术转移中心是学校集技术转移、知识产权管理运营于一体的专门机构，是学校内设一级行政部门，统筹管理学校知识产权工作，指导落实知识产权的转移转化。目前，技术转移中心已聘用 7 名专职人员进行相关工作。④创新创业学院突破高校固有人才体系，借鉴海外成熟模式，已聘用 30 名研究序列教师专注于科研项目攻关及其成果转化，产出实用性强、偏产业化的应用型科研成果。⑤南方科技大学资产经营管理有限公司是根据国家相关法律法规设立的独资企业，代表学校履行出资人职责，负责监督管理学校企业国有资产、企业管理架构和队伍建设。

3. 紧贴市场与资本

为加强成果转化赋能服务，技术转移中心已经与深创投、松禾资本、高瓴资本、启明创投、启赋资本、正轩投资、力合科创、诺睿创新等创投基金、科技成果转化服务咨询机构等建立了长期稳定的合作机制。一方面，积极推荐学校的科技成果给相关企业、机构，通过市场化运作，为知识产权技术匹配合适的商业支持、市场分析、客户定位、初创团队搭建、潜在客户对接等，赋能升级相关知识产权；另一方面，通过相关企业、机构的项目评估反馈报告，总结高等院校知识产权转移到产业中的普遍瓶颈，进一步提升学校知识产权的运营水平，使知识产权运营人员更贴近市场与资本的要求，提升学校科技成果推广质量。

4. 提供各类专业咨询规避风险

除了学校的常年法律顾问的支持，技术转移中心还引入了产学研专项常年法律顾问团队、产学研专项财税顾问等，提供法律、财税等专业咨询及公司架构搭建等专业化服务，厘清知识产权运营和实施过程中可能涉及的各类法律、财务、税务问题，全程知悉知识产权运营的重大步骤与潜在实施倾向，及时为科研人员反馈提示法律财税风险。

5. 积极探索接轨国际的转化模式

技术转移中心努力拓展多种方式进行科技成果和知识产权的转移转化，具体如下。①与企事业单位成立工程研发中心等联盟形式的组织，集合行业内的各种力量，攻坚共性技术的突破。②与企业签订阶段性知识产权许可协议，通过设定知识产权实施的目标，确保知识产权许可后有效地实施并产生社会效益。同时，基于学校国际化的定位与优势，技术转移中心积极拓展海外常用的科技成果转化模式：与海外高等院校签订基于合作研发项目的校际成果转化协议,约定共同知识产权的运营模式与收益分配方式。学校于2019年促成了南方科技大学教师的一项科技成果以许可期权(Option Agreement)的形式转移给一家美国公司。其中,许可期权为北美高等院校技术转移中的一种非常常见的模式,据统计,一般美国高等院校的技术转移协议中,约20%是以许可期权的形式进行技术转移转让的。南方科技大学的这项科技成果许可期权的成功案例,一方面拓宽了学校技术转移转让的方式,另一方面向美国公司转移技术,也拓展了学校科研成果的覆盖面,提升了学校的声誉。③积极参加国际交流合作,加入国际应用科技开发协作网(ISTA),不定期牵头组织技术转移经验交流和学习。

6. 营造活跃的产学研生态

学校已基本创建了一套适配深圳创新链条、全球化视野下的知识产权运营模式,致力于搭建全生命过程管理体系,引领打造极具生命力的大湾区产学研生态。南方科技大学注重多维度赋能科技成果转移转化,学校不仅从成果转化政策角度优化制度,而且从实操软服务入手,注重为科研团队提供成果转化精细赋能服务,包括与天使母基金共同组织南方科技大学专场路演活动、协办奇绩创坛陆奇博士创业经验分享、举办科技成果转化加速营(Lean Launchpad Programme)活动,为产业化项目团队提供"一对一"个性化成果转化辅导,辅助其拓展市场、定位盈利模式,打磨产品,促进项目的成长。南方科技大学先行先试产学研资协同创新,与深圳市高新投集团、深圳市南山区政府共同组织,与金融系共同具体承办"西丽湖国际科教城知识产权证券化与科技成果转化高峰论坛",并进一步与深圳市高新投集团探索发起全国首个专项支持高等院校知识产权的证券化产品,产品已于2021年11月正式上市。南方科技大学积极探索科技成果产权交易,作为首批合作单位之一与深圳证券交易所知识产权与科技成果产权交易中心签署战略合作协议。

7. 真正懂技术的技术经理人

南方科技大学知识产权运营模式的主要特点为,通过组建专业化技术转移团队,为知识产权提供全生命周期运营服务,高效促进知识产权的实施运用。技术转移中心员工中40%拥有理工科博士学位,超过半数有海外知名大学留学或工作经验。全部员工均已获得技术转移高级经理人、国际注册技术转移经理人(RTTP)等证书。员工的教育背景和工作背景涵盖力学、生命健康、电子通信、光电、环境、材料、机械、生理等多个领域,做到对南方科技大学各技术领域全覆盖,每人负责一个技术领域,为该技术领域的"经理人",全流程负责该技术领域的产学研合作和知识产权运营工作,并能创新性地开展"科技成果转化加速营"旗舰活动，为科技成果转化提供全流程贴身赋能，针对性制定成果转化路径及解决方案。由于"经理人"均具有其负责技术领域较为充足的技术背景，或拥有该领域的博士学位，或在该领域的龙头企业工作多年，所以能够快速理解科研项目的基本技术概念，与科研人员进行高效交流沟通。转化服务过程中，"经理人"一方面根据科研立项信息和时间点，定期主动与院系沟通，收集科研项目进展；另一方面预估科研项目进展，关注行业领域新闻，直接跟教授联系，及时更新科研动态，主动征集寻找"成果披露"，提前准备知识产权的运营管理。同时，各领域"经理人"收集整理南方科技大学各技术领域的最新科研成果，编制新材料、生态环境、智能制造、生物健康、新药创制、电子工程、计算机智能与网络、力学与航空航天等多个领域的项目汇编手册。项目汇编手册每年至少改版两次，及时更新产学研项目的研发进展现状。

12.5 广东省科学院

建设技术育成孵化体系，助推产业高质量发展

广东省科学院是广东省政府直属事业单位，研究领域涵盖生物与健康、材料与化工、资源与环境、装备与制造、电子与信息、智库与服务六大创新板块，是广东省实施创新驱动发展的重要战略科技力量。面向"十四五"，广东省科学院确立了"一院两制三体系四融合"的发展战略及"打造卓越综合产业技术创新中心"的目标愿景。广东省科学院着力探索建立以"有得转、转得了、转得快、转得好"为鲜明特征的技术创新生态系统，以及"机制+载体+人才"的创新模式，建立起市场导向、企业主体，技术经理（经纪）人运营，利益捆绑、利益共享的技术育成孵化和产业技术服务工作机制。累积孵化企业近300家，其中，以"中科云图"为代表的以自有技术孵化企业100余家，技术服务企业3.8万家（次）/年。"四技"收入连续4年居全国科研机构前10位，在粤科研机构中排名第1位。

1. 建设利益捆绑、利益共享体制机制

一是推动成果赋权。落实科技部等九部委印发的《赋予科研人员职务科技成果所有权或长期使用权试点实施方案》，根据科技成果完成度及转化条件成熟度的不同，创新设置"直接赋权""过程赋权""提前赋权"3种赋权模式，激励科研人员创新创业创富。

二是完善股权激励。创设"科研团队控股+技术经理（经纪）人持股、跟投"等股权激励模式，实现利益捆绑、利益共享。

三是布局科技金融。建立广东省科学院发展基金"拨投结合、先拨后投、适度收益、适时退出"的支持模式，打造"院天使基金池引导+研发团队现金投入+技术经理（经纪）人持股跟投+合伙制天使基金池+社会风险投资加速"机制模式，引导撬动各类社会资本"投早""投小""投科技"。

2. 打造技术育成孵化组织载体

一是建设经营性国有资产集中统一监管平台。成立广东省科学院控股有限公司，着力发展"资产管理、战略投资、孵化育成、产业服务"四大主业，代表广东省科学院统一负责对院所控股、参股企业依法行使股东权利，确保国有资产保值增值。

二是建设产业技术研究院。围绕"一核一带一区"区域发展格局，在珠三角地区和粤东西北地区布局一批产业技术研究院，有效支撑区域创新发展。例如，广东省科学院佛山产业技术研究院，在技术孵化体制机制方面探索形成"四维度三原则"伴随式成长孵化模式，准确识别技术、降低技术孵化风险、提高项目运营效率，推动科技成果精准孵化、快速落地、高速成长。

三是建设专业科技孵化器。打造"创业咖啡—众创空间—孵化器—加速器—产业园"全链条孵化路径，为入驻企业提供技术研发、技术交易、资本运作、人力资源、市场开拓、国际合作、知识产权、上市并购、股权转让等精准服务，实现从团队孵化到企业孵化再到产业孵化的全过程孵育。

四是建设离岸技术创新中心。建设"中国—乌克兰科技产业创新中心""中国—白俄罗斯科技产业创新中心"等离岸产业技术创新载体，初步建立起"全球项目+国际孵化+广东加速转化"境内外孵化模式，同时也为国内企业"走出去"提供支持。

五是布局服务企业创新载体。在广东省重点产业和规上企业中选择一批龙头骨干企业和创新型企业，认定实施一批广东省科学院企业工作站，组织稳定的科研团队为企业持续实施关键技术研发和提供技术创新服务。

3. 培育专业技术转移服务团队

推动人才链和产业链融合发展，优选博士和具有副高以上职称人员入职产业技术研究院。与广东省人社厅、科技厅合作，负责开展广东省技术经理（经纪）人职称评定。建立集培养方案、培训大纲、培训师资、评价认定"四位一体"的技术转移人才培养体系，培育具备技术开发、法律财务、企业管理、商业谈判等专业知识和服务能力的高素质技术转移从业人才队伍。在各大型产业园区（如华南新材料创新园等）建设技术经纪人驿站。

12.6 广东省农业科学院

搭建立体化、全方位的现代农业科技成果服务网络

近年来，广东省农业科学院营造科技成果转化的良好氛围，多措并举激励科技人员带成果、带技术投身到农业现代化发展的主战场，鼓励科技人员进行成果转化及各种横向合作，同时实施量化管理进行岗位绩效考核；在院本部成立促进科技成果转化办公室，在院属单位设置科技成果转化小组，成立院所两级专门管理机构；推动院所合力、开门办院，深度对接科企合作，促进科技成果转化。

1. 金颖农科打造农业孵化器服务品牌

广东省农业科学院成立的线下科技成果转化服务平台——广东金颖农业科技孵化有限公司，近年来通过多途径盘活各类创新资源，打造广东省乃至华南地区有影响力的农业科技企业孵化器和科技成果转化助推器，已被认定为"国家级科技企业孵化器"、科技部"国家级星创天地"、农业农村部"农村创新创业孵化实训基地"等。主要做法如下。

一是构建"众创空间—孵化器—加速器"全链条科技企业孵化育成体系，完善企业准入机制、服务机制、盈利机制和退出机制，集聚上中下游资源，促进大中小企业融通发展。

二是创建"2+N"服务体系，实现一企一策。针对企业发展过程中存在的各种难题，联动创业导师和其他服务机构，实现线上线下同步辅导；建设科技金融工作站，面向优势种子企业提供战略投资，形成"自有种子资金+投融资机构"的科技金融服务平台。

三是围绕关键问题攻坚克难，共建中试平台，开放共享实验室，形成科技咨询、成果转化、联合申报项目、共建新型研发机构、技术入股或资金投资等轻资产服务体系，创新院企合作模式。

四是塑造"华南 A 谷"品牌，助力乡村振兴，通过委托运营、联合开发、技术入股等形式输出经营管理与服务模式，打造立足广州、辐射华南、引领全国、面向世界的华南农业科技创新硅谷。

2. 中试平台产业带动作用明显

在广东省农业农村厅的支持下,广东省农业科学院通过与企业"合作研发+共同中试"及"共享平台"相结合的模式,建设广东省农产品加工技术研发中试公共服务平台,有力推动产业链上中下游融通创新及产业链、创新链、价值链协同发展。为广东海纳农业有限公司、深圳诺普信农化股份有限公司等一批农业龙头企业和省内外 300 多家中小企业提供技术支撑服务,利用中试平台的技术参数协助近 20 家企业建设了米糠、凉果、豆制品、果蔬汁等农产品加工生产线,累计为企业新增产值约 40 亿元。为新会陈皮、茂名荔枝、郁南无核黄皮、从化荔枝、高要南药等 60 余个国家或省级现代农业产业园提供技术支持,其中,郁南无核黄皮产业园和从化荔枝产业园主体建设单位利用中试平台试制开发了超高压果汁产品并建设了生产线。

3. 组建全产业链专家服务团

广东省农业科学院积极参与广东省现代农业园区建设,创建"一园一平台,一园一团队,专家进企业"的科技支撑服务模式,整合全院资源、组织多学科协作,为产业园提供全产业链的科技支撑。截至 2022 年上半年,广东省农业科学院共组建 262 个省级现代农业产业园全产业链专家服务团,科技服务广东省近 90%的现代农业产业园;累计与产业园实施主体签订科技支撑服务合同 421 项。针对产业存在的普遍问题,与企业联合攻关,打造了惠城丝苗米、海丰蔬菜、新会陈皮等产业园示范样板。

4. 巩固推广院地合作

近年来,广东省农业科学院紧紧围绕科技支撑现代农业产业发展和提升市县农业科技能力两大目标,深入实施创新驱动发展战略,全面投入乡村振兴主战场,为广东省实施乡村振兴提供了强有力的科技支撑,并形成了在全国可复制、可推广的"共建平台、下沉人才、协同创新、全链服务"院地合作模式。与广州市共建现代农业创新中心,与广东省主要涉农地级市人民政府共建 17 个广东省农业科学院地方分院(促进中心),与地方政府、企业建立专家工作站 80 个,建立了试验、示范推广基地 441 个,逐步搭建起立体化、全方位的现代农业科技服务网络,科技创新的辐射带动作用不断增强。

12.7 清华珠三角研究院

> 一体化运作实现研究开发、人才支撑、创业投资和企业孵化的高效耦合，提高成果转化效率

清华珠三角研究院是省校共建的以科技研发、科技成果转化、企业孵化、创新创业投资为主要职能的事业单位。作为新型研发机构，清华珠三角研究院按企业化方式运行管理，依靠市场配置资源，进一步推动机制创新，实现自我良性循环发展。

1. 全要素、板块化、开放型、可扩展的技术创新体系

清华珠三角研究院以体制机制创新为核心，积极创新产学研合作模式，构建了一套"立体式"产学研深度融合的技术创新体系。技术创新体系以技术研发、企业孵化、创业投资、人才培养和海外合作五大功能板块为支撑，聚集了创新链的技术、载体、资金、人才四大要素，实现了研发、投资、孵化、园区、国际化不同板块的联动与深度融合，具有科研平台建设、创新科技研发、创业投资、高新技术企业孵化相互支撑、有机结合的鲜明特点。以此通过研究开发、人才支撑、创业投资和企业孵化四大举措，帮助技术从源头走向成熟，大幅提高科技成果转化效率。清华珠三角研究院技术创新体系如图 12-4 所示。

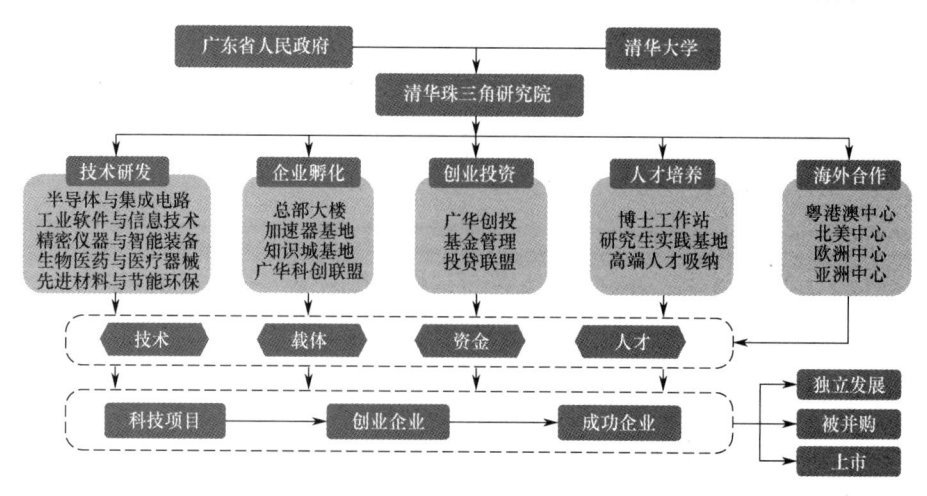

图 12-4 清华珠三角研究院技术创新体系

2. 产业链、创新链双链耦合

清华珠三角研究院为核心项目建立"研发中心+产业化公司"一体化运作利益循环体系。通过"带土移植"引进团队和项目，成立研发中心，同时，研究院投资平台与团队联合发起成立产业化公司。研发中心作为科技成果的技术研发和产品中试平台，产业化公司作为科技成果产品化及市场推广平台。研发中心不断为产业化公司输出核心技术和可商业化的科技成果，产业化公司盈利后反哺研发中心，推进技术研发，两个平台深度联合、相互支撑、共同发展。这样的模式使得清华珠三角研究院成为链接研究成果向下游产业转化的重要节点，可以从基础研究开始就开展创新链的上下游环节链接，高效推动科技成果转化。例如，在半导体领域，清华珠三角研究院以投资的形式涉猎了半导体产业链，包括芯片设计、载板基材、MEMS 设计制造和芯片设计制造 4 个环节，同时设立了相应的研究中心，进行资源整合。清华珠三角研究院还以智能技术支撑国家产业的战略升级，在智慧油气领域，清华珠三角研究院引进的团队和技术已经可以完成勘探、采油、输运、炼油和炼厂检测，涉及的产业链也相对完整，技术创新与产业链较好地融合在一起。清华珠三角研究院基本以重要的单点技术突破为开端，再进行纵向的延伸和凝聚。截至 2022 年 11 月，清华珠三角研究院围绕半导体与集成电路、工业软件与信息技术、精密仪器与智能装备、生物医药与医疗器械、先进材料与节能环保、高端科创服务六大产业领域，已建设了 32 个应用技术研发平台，包括智能网联汽车测试技术研发中心、过程工业物联网研发中心、跨媒体智能与类脑机器人技术研发中心、合成生物学与工程蛋白材料研发中心、神农数字技术研发中心等。清华珠三角研究院产业链、创新链双链耦合如图 12-5 所示。

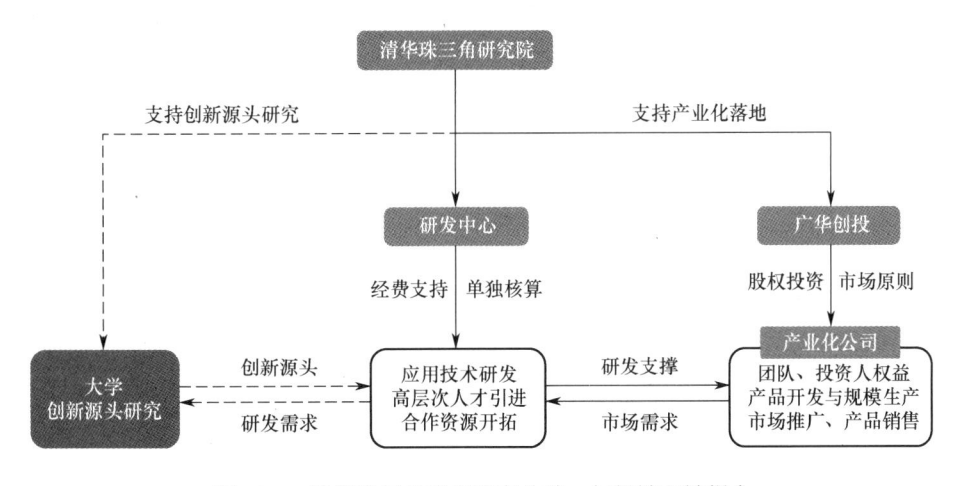

图 12-5 清华珠三角研究院产业链、创新链双链耦合

3. 区域覆盖，海外拓展

清华珠三角研究院积极融入粤港澳大湾区战略，借助清华大学的科技创新资源及与港澳的合作基础，通过打造粤港澳创新中心、澳门青年人创新部落、粤港澳大湾区创新基地等重点平台，以科技项目为核心，致力于推动粤港澳科技成果转化、支持港澳青年创新创业、促进区域产业发展、服务粤港澳大湾区建设。清华珠三角研究院依托清华大学国际化资源，搭建在海内外独特的先进技术渠道，布局以技术和产业转移为核心的全方位海外合作资源网络，设立了北美创新中心（硅谷）、北美创新中心（波士顿）、欧洲创新中心（德语区）、以色列创新中心。

第 13 章 问题分析与建议

  本章主要对第 1~11 章客观数据分析的结果及各年度填报单位提交的问题建议进行梳理、分析，总结出当前广东省高校院所科技成果转化存在的主要问题，并且就问题提出相应的对策建议。科技成果转化是一项系统性工程，往往一个问题催生多个结果，一项措施又能解决多个问题，所以本报告提出的问题与建议难以一一对应，但总体上都是围绕如何解决人的积极性、机构的灵活性、制度的适用性等问题寻找对策，直面科技成果转化链条的难点、堵点，如高价值科技成果的难得、国资管理的束缚、评价机制的错位、市场资源的缺失等，以期与社会各方共同探讨以"小切口，大改革"的方式盘活科技成果转化创新资源，着力构建更加开放、高效的科技成果转化生态体系，探索具有广东特色的科技成果转化机制和模式，推动重大创新成果转移转化，把广东省打造成为全国极具活力和国际影响力的科技成果转移转化高地，为加快推进国家科技产业创新中心和创新型省份建设提供科技支撑，为建设粤港澳大湾区发挥积极作用。

13.1 广东省高校院所科技成果输出对比能力分析

第 1~11 章的数据分析可支撑我们深入把握广东省高校院所自身的科技成果转化情况，但无法从整体上了解广东省高校院所作为科技成果转化输出方之一，在包括企业在内的所有科技成果输出方中的对比能力情况，即广东省高校院所对广东省产业经济发展的贡献度问题，这也是引发我们思考高校院所所有科技成果转化问题的基本"出发点"和"落脚点"，高校院所在广东省科技成果转化中是否起到了应有的作用？否的话，是什么原因导致它没有起到应有的作用？应如何改进才能起到应有的作用？此处，我们利用技术合同登记的统计数据[①]对这一系列问题展开对比分析。

13.1.1 广东省高校院所作为技术输出方的占比

根据技术合同登记的统计对象和范围，技术交易中技术输出方包括企业法人、事业法人、机关法人、自然人、社团法人和其他组织，高校院所属于事业法人（此外还有医疗卫生机构等）。据统计，2016—2020 年，广东省高校院所作为技术输出方的合同成交额与全省技术合同成交总额之间的比值呈波动上升趋势（见图 13-1），2016—2018 年每年都不到 2%，自 2019 年起大幅提升，但总体不超过 6%。

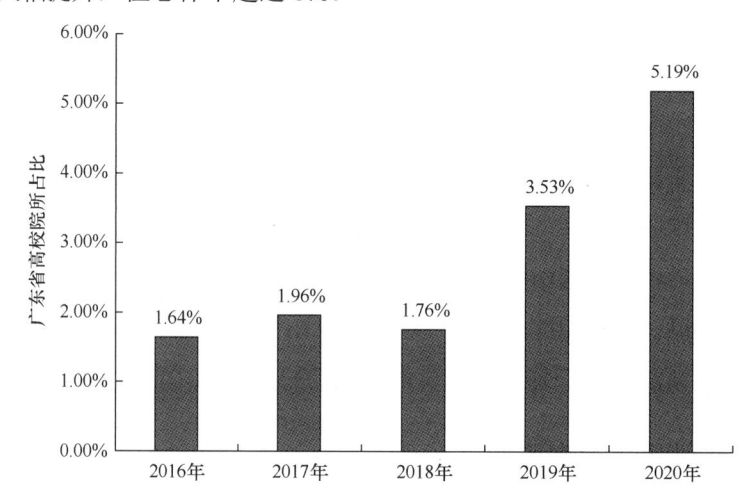

图 13-1 "十三五"期间广东省高校院所作为技术输出方的合同成交额与全省技术合同成交总额之间的比值情况

---

① 统计数据来源于全国技术合同管理与服务系统。

13.1.2 广东省高校院所与企业技术输出能力比较

2016—2020 年，各年度中广东省企业作为输出方的合同成交额均占广东省技术合同成交总额的 90%以上（见图 13-2），以绝对优势高居各类主体榜首，远远超越高校院所。

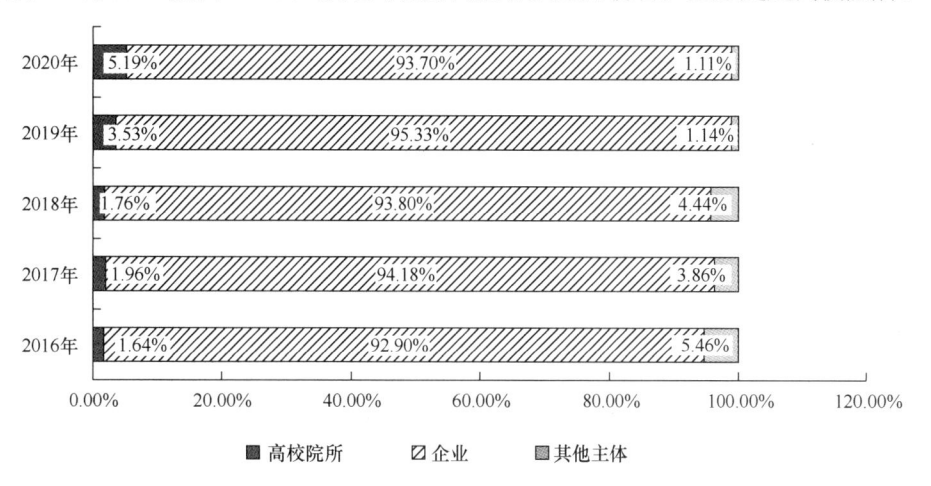

图 13-2 "十三五"期间广东省高校院所、企业与其他主体技术输出能力对比情况

13.1.3 广东省高校院所与全国高校院所技术输出能力比较

2016—2020 年，全国高校院所作为技术输出方的合同成交额与全国技术合同成交总额的比值呈逐步下降趋势，但各年度比值依然高于当年广东省高校院所相应比值，2016—2018 年差距甚大，2019—2020 年逐步拉近，2020 年只相差 0.73%，如图 13-3 所示。

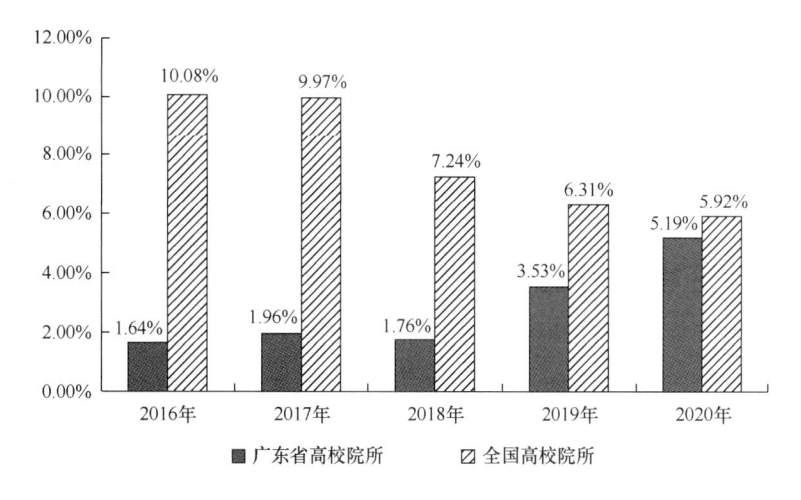

图 13-3 "十三五"期间广东省高校院所与全国高校院所技术输出能力对比情况

综上，广东省高校院所的技术输出能力在省内远远低于企业；在全国则处于平均水平之下，但差距逐步拉近。而 2016 年广东省在全国区域创新综合能力排名第 2 位，2017—2020 年蝉联第 1 位[①]；2016 年、2017 年广东省技术合同成交额在全国分别排名第 5 位、第 3 位，2018—2020 年则均蝉联第 2 位[②]。可见，整个"十三五"期间，广东省高校院所的技术输出能力未能与广东省的产业经济发展相匹配，未能成为推动广东省产业经济创新发展的主导力量，并且在与全国其他地区高校院所面对几乎相同的政策性、制度性障碍之下，在经济发展和科技创新的高地上陷入了价值洼地。所以，在当前我国不断加大促进科技成果转化支持力度的形势下，广东省推动高校院所科技成果转化的步伐可以迈得更大、更快一些，促使高校院所真正担当起广东省创新发展主力军的重任。在下文中，作者将重点围绕如何扩大高价值科技成果供给、畅通科技成果转化通道和提升科技成果转化成功率三大导向目标，系统化地提出相应的针对性建议。

13.2 高价值科技成果产生及转化的有效路径分析

从 13.1 节的数据分析可知，广东省高校院所真正形成交易的科技成果产出不多，其中既包括如专利等有形科技成果的转让、许可项目，也包括技术开发、咨询、服务等无形科技成果的转化项目。而在形成交易的项目中，还要剔除当前专利买方市场中很多受让方购买专利为了申请高新企业补贴或者政府科研项目等非真正用于产业化的交易项目，所以难以确切摸底统计，但可以肯定高校院所真正能够产业化的科技成果比例不高，即从市场价值角度判断，高价值科技成果少，低价值科技成果多。我们分两个层次分析、寻求解决办法，一是如何产生高价值、可转化的科技成果，二是如何避免低价值、转化不了的科技成果出现。本节主要围绕第一个问题展开研究，主要方法是结合第 1~3 章的相关案例进行剖析，探寻高价值科技成果产生的有效路径。

2020 年 5 月，广东星联科技有限公司与华南理工大学完成专利技术转让签约，以超 2000 万元的价格买下由中国工程院院士、华南理工大学教授瞿金平发明的"基于拉伸流变的高分子材料塑化输送方法及设备"专利技术[③]。2020 年 6 月，广州市力鑫药业

---

① 资料来源于中国科技发展战略研究小组发布的 2016—2020 年《中国区域创新能力评价报告》。
② 资料来源于科学技术部火炬高技术产业开发中心发布的 2016—2020 年《全国技术市场统计年报》。
③ 见第 2 章 2.2 节典型案例。

有限公司与暨南大学正式签约"双一流"学科产学研合作暨化一类新药项目转让，以 1 亿元获得暨南大学药学院院长丁克教授研发的"抗肿瘤新药多激酶抑制剂 JND32066"的全球市场独家开发权，并将投入 1000 万元打造肿瘤免疫新药研发技术平台[①]。华南理工大学和暨南大学的科技成果转化项目，可作为广东省高校院所高价值科技成果转化的样本案例，而对其转化有效路径的研究分析，可为扩大广东省高校院所高价值科技成果有效供给、提升科技成果转化能效提供经验启示，为改善高校院所科技成果供给侧结构开辟思路。

瞿金平院士团队在其长期的科技成果转化实践探索过程中，构建了"鱼苗养殖"模式的科技成果转化路径："鱼苗养育"（以高校为主体、以原理创新为目标的基础研究）——"转移养殖"（以工程中心为主体、以产业化应用为目标的工程化研究）——"大鱼养成"（以企业为主体、以大规模生产为目标的产业应用）。在这一过程中，利用政产学研合作、科技金融、专利布局等手段提升转化能效，成功推动一批"ERE 技术"的产业化项目落地，取得了良好的社会效益和经济效益。丁克教授团队则构建了以市场需求为导向的新药"种子"研发和转化路径：发现新药"种子"（通过产学研合作，高校确定研发项目）——"种子"发芽（在高校新药研发平台上完成新药临床前相关科学研究）——"种子"移植（将新药开发权转让给企业，由企业接续开发）。通过这种研发和转让模式，暨南大学已经实现了"抗肿瘤新药多激酶抑制剂 JND32066"等多项创新药物成果的转让和产业化。

13.2.1　高质量的科技成果供给源于扎实的基础研究能力

华南理工大学瞿金平院士长期从事高分子材料成型加工技术与装备及其理论的研究与教学，在国际上率先提出塑料振动剪切形变和体积拉伸形变动态成型方法及原理，系统发展了高分子材料加工成型理论，发明并研制成功一系列塑料成型加工新技术及装备。此次达成交易的"ERE 技术"颠覆了百年来以螺杆实现剪切流变的高分子材料加工方式，突破了新材料配方设计的技术瓶颈，先后获得 2014 年中国专利金奖和 2015 年国家技术发明奖二等奖。"ERE 技术"的研究开发工作主要由瞿金平院士领衔的华南理工大学聚合物新型成型装备国家工程研究中心的科研团队承担。团队提出并发展了塑料振动剪切形变动态加工技术和塑料体积拉伸形变动态加工技术，实现了塑料加工由"稳态"到"动态"及由"基于剪切流变"到"基于拉伸流变"的变革，取得了多项具有原

---

① 见第 3 章 3.2 节典型案例。

创性、实用性的重大成果，成功开发了一系列新技术、新装备。相关成果获国家技术发明奖二等奖 2 项、国家科学技术进步奖二等奖 1 项、中国专利金奖 2 项，并广泛应用于国民经济的各个领域。

暨南大学丁克教授长期致力于围绕肿瘤和代谢性疾病等重大临床需求，设计和合成了同时具有生物活性与成药性的"成（类）药性先导化合物"，为创新药物研究奠定基础。丁克教授团队近年来构建了一个集药物化学、化学生物学、结构生物学和药效学评价及作用机制研究等于一体的，多学科交叉、科研设施完善的药学和化学生物学研究平台；成功设计和合成了一系列创新药物成果，并实现包括高选择性 Axl 抑制剂 JND30134 和可克服慢性粒细胞白血病（CML）临床耐药的新一代 Bcr-AblT315I 突变体抑制剂 HQP1351 等在内的药物成果转化，并在蛋白标记、靶标发现和验证、功能蛋白的晶体解析等方面取得了较为明显的成绩；近 5 年在 *Journal of Medicinal Chemistry* 等国际期刊发表 SCI 论文 80 多篇，申请国内外专利 69 件，授权专利 50 余件。

基础研究是应用研究和重大创新的源头，"ERE 技术"正是源自瞿金平院士团队多年来在高分子材料先进制造领域前沿基础研究的深耕，而"抗肿瘤新药多激酶抑制剂 JND32066"的面世也源于丁克教授团队长年在创新药物基础研究中的不断探索，扎实的科研能力和良好的科研条件共同打开了从基础科研到转化应用的大门。

13.2.2 中间环节的工程化研发完成从基础研究到应用开发的"惊险一跃"

瞿金平院士领衔的华南理工大学聚合物新型成型装备国家工程研究中心（以下简称中心）不仅是一个科学研发机构，更是一个科研成果转化机构，长期致力于解决高分子材料先进制造领域涉及的重大共性关键技术问题，并进行成果工程化研发、系统集成及验证推广，为聚合物加工新技术、新装备的产业化规模生产提供支撑。自成立以来，中心成功开发了塑料动态塑化挤出机、塑料脉动压力诱导注塑机、聚合物动态流变工作站等一系列聚合物高效节能加工装备，并成功实现产业化，充分验证了中心对科研成果进行工程化开发、助推技术成果向技术产品转化的能力。

暨南大学围绕"一流学科"构建的集药物化学、化学生物学、结构生物学和药效学评价及作用机制研究等于一体的多学科交叉、科研设施完善的药学和化学生物学研究平台，包括省市重点实验室和国家级工程中心，同样推动了丁克教授团队快速完成"抗肿瘤新药多激酶抑制剂 JND32066"的化学结构确定、药效学评价、作用靶点机制研究和合成工艺优化等系列关键技术突破,为后续转让开发起到了加速作用。

科技成果从技术到产品,中间需要开展大量的中试试验、工程开发、验证推广等"接力"工作,瞿金平院士领衔的工程研究中心和暨南大学多学科交叉的新药研发平台,以其良好的工程化研发条件及明确的技术转移导向机制成功搭起了从基础科研到转化应用的桥梁。

13.2.3 长期的产学研合作是成果供需双方建立互信的基础,是达成有效转化的关键

2014 年,广东星联精密机械有限公司与瞿金平院士团队建立了一个推进"ERE 技术"产业化的项目组,开启了初步的技术接触。2015 年,以此项目组为基础,星联科技正式注册成立,华南理工大学采用专利许可的方式将"ERE 技术"的使用权许可给星联科技,"ERE 技术"在各应用领域的产业化创新研究工作正式铺开,包括适配核心零部件的开发、零件加工工艺及产品配方的研究等。2017 年,瞿金平院士领衔的华南理工大学聚合物新型成型装备国家工程研究中心在星联科技设置分中心,星联科技拥有了一支由中国工程院院士带头的集博士、硕士等 30 余人的研发团队,并承担了国家级、省部级、市级等 5 个科技研发项目,产出发明专利及实用新型专利 30 余件。2020 年,星联科技从市场竞争的角度出发,以超 2000 万元的价格从华南理工大学购买了"ERE 技术"的专利所有权,使产品拥有完整的自主知识产权。

2017 年,暨南大学和广州市力鑫药业有限公司合作共建实验室,在基础研究方面开展合作,此次实现转让的"抗肿瘤新药多激酶抑制剂 JND32066"正是前期实验室的一个早期研究项目。而此次双方合作的另一项内容——共建药物研发联合实验室,打造肿瘤免疫新药研发技术平台,亦是前期共建实验室的"升级版"。

供需双方能达成技术交易必须建立在信任的基础上,包括企业对科研团队技术能力的信任、科研团队对企业市场能力的信任。星联科技与华南理工大学、广州市力鑫药业有限公司与暨南大学都采取"先合作后转让"的科技成果转化模式,在多年的产学研合作中建立互信,并以"AB 角"的分工和平衡机制,有效处理技术成果从基础研究、应用开发走到技术产品开发和产业化应用阶段出现的各种技术及市场问题,科学家与企业间之间互相支持、互为牵制,共同开展技术产品的研发及应用,最终促成高额的技术成果交易。

13.2.4 直击行业痛点和市场需求，能加快实现技术成果的产品化及市场化

2013年，瞿金平院士在"院士新疆行"活动中了解到新疆地区农用地膜的"白色污染"难题；2014年，"ERE技术"项目组成功研制出"全回收高性能增产地膜"——高保膜；2015年，星联科技成立后加快了高保膜的推广应用，至今已开展了为期3年的大田覆膜试验，试验证明高保膜不但能实现残膜全回收，而且比普通地膜增产增收，在新疆地区打造了一条新型全回收地膜生产、使用、回收、再利用的绿色循环产业链。此外，星联科技还与中国航天四十二所合作研发固体推进剂，提高含能材料的比例和混合分散效果，使火箭射程更远、更精准；与中国石化合作研发超高黏度材料，实现高分子量、超高分子量等高黏度材料的高效熔融、塑化，扩宽材料的应用范围；并在抗击新冠疫情期间，研发出应用于熔喷布的稳定性更高的聚丙烯熔喷料等改性新材料。

丁克教授团队的"制药"之路同样坚定地面向市场需求，从临床需求中找课题，从企业发展瓶颈中找项目。团队与中山大学肿瘤医院、暨南大学附属第一医院和珠江医院等的临床医生保持密切沟通，并经常到病房了解患者需求，同时与合作企业基于市场发展战略共同商讨新药的研发策略。其实现转让的"抗肿瘤新药多激酶抑制剂 JND32066"就是针对引发肿瘤的基因所研发的一个靶向药，能抑制变化的基因，从而阻断肿瘤的发生、发展进程，让肿瘤生长得更慢，或者完全抑制肿瘤的生长，真正实现"药到病除"，而不仅限于目前抗肿瘤药物延长患者生存寿命、减少临床痛苦的作用。预期通过3~5年的努力，以校企共建的药物研发联合实验室为基础，广州市力鑫药业有限公司能够针对肿瘤治疗打造一个真正的药物产品链。

市场需求决定成果产业化的方向、时机、进度、规模，以及能实现的经济回报。与其他企业撒网式的资源投放不同，星联科技采取的是"对症下药、直击痛点"的应用开发模式，将市场需求和行业痛点有机切合，推动"ERE技术"在相关应用领域快速形成技术产品，占领市场，并引领相关制造行业的技术升级，进一步抢占市场先机，开拓出良好的成果转化前景。而广州市力鑫药业有限公司同样抓住抗肿瘤药物的市场需求和痛点，瞄准肿瘤免疫新药的方向，以1亿元买下"抗肿瘤新药多激酶抑制剂 JND32066"的全球市场独家开发权，预期通过6~8年实现新药上市，打开全球销路。

13.2.5 政府的支持与服务可有力促进科技成果的推广应用

高保膜在新疆伽师县的推广应用过程中,曾遭遇农户因对技术产品性能存疑及对使用成本增加而产生抵触的情况。农户不愿意购买高保膜,高保膜的大田比对试验就无法进行,在这关键环节,对口伽师县的佛山市南海区政府从援疆资金中调拨 300 万元对农户进行补贴,并派援疆干部深入农户进行宣传推广。经过多番努力,2019 年,高保膜顺利在春耕时节铺在了伽师县 2 万亩的试验棉田上,并在 10 月的回收中取得了良好的试验效果,棉田每亩增产 22.7 千克,每亩增收 170.25 元,相当于农户免费使用了地膜,并且回收率达 95.48%,较普通地膜回收率提高了 24.6%,农户纷纷表示今后将全面使用高保膜。正是佛山市南海区政府的资金和援疆干部的贯宣,让高保膜的使用从政府的引导行为过渡到市场行为,科技成果真正实现了转化应用并获得了市场价值。

"抗肿瘤新药多激酶抑制剂 JND32066"这颗"种子"也是在国家和省市基础研究与核心技术攻关项目的接续支持下取得的,并且得益于相关部门组织的科技成果对接活动推广,"种子"含金量不断得到市场认可,加速了企业受让开发进程。当科技成果转化链条上出现科研人员与企业都难以着力的环节时,政府及时进行"补位",提供必要的资金支持、政策引导、服务帮扶,能有效畅通科技成果转化路径,提升科技成果转化效能。

13.2.6 充分全面的专利布局能提升科技成果的转化价值

以超 2000 万元达成交易的"ERE 技术"共有 27 件同族专利,除中国外已进入美国、欧洲、日本、韩国、加拿大等 17 个国家和地区。同时,瞿金平院士与"ERE 技术"相关的专利申请共有 457 件。其专利申请最早在 2005 年就开始了,2015 年专利申请达到了顶峰,有 88 件专利申请,技术在这一时期逐步成熟。随后,专利申请数量有所降低,但仍保持了较大数量,以维护权利的稳定和长久。从地区分布来看,457 件专利申请覆盖了全球 19 个国家和地区。除了主要布局在中国的专利申请外,瞿金平院士在美国、欧洲、加拿大、澳大利亚、日本、韩国、墨西哥、俄罗斯等国家和地区也布局了重要的专利,为相关技术产品走向国际市场打下了基础。

"抗肿瘤新药多激酶抑制剂 JND32066"目前已申请了化合物结构通式中国专利,下一步将针对化合物制备工艺、盐型、晶型等进行专利申请,以及相应地通过 PCT 途径递交国际专利申请，形成全面的专利布局。

合理全面的专利布局能构建严密高效的专利保护网，获得在特定领域的专利竞争优势，高价值专利大多是经重点规划及布局、获得市场认可、能产生高收益的专利或专利组合。"ERE 技术"及"抗肿瘤新药多激酶抑制剂 JND32066"身价如此之高，首先取决于其属国内外首创、国际领先的技术价值，同时亦与其充分全面的专利布局有着密不可分的关系，值钱的不仅是一件专利，更是技术的整体及围绕技术进行的充分全面的专利布局。

综上，"ERE 技术"及"抗肿瘤新药多激酶抑制剂 JND32066"实现高价值转化的有效路径可归结为：扎实的基础及应用基础研究孕育出原创性、颠覆性、潜在高价值的技术成果；良好的工程研究及中试条件，为技术成果向技术产品的应用开发提供了有效保证；长期的产学研合作进一步明确了成果的市场应用价值，巩固了供需双方的合作信心，并最终促成技术交易。此外，实现高价值的影响因素还包括精准的市场策略、合理的专利布局、到位的政府支持等，环环相扣，缺一不可。

13.2.7 具体建议

基于上述分析结果，对推动实现广东省高校院所高价值科技成果的产生和转化提出如下 3 点建议。

1. 加大对基础研究和关键核心技术攻关的支持力度，强化成果源头供给

建立完善的从重大项目、国家联合基金到省内联合基金、省自然科学基金的基础研究和应用基础研究资助体系，带动地市财政及企业投入支持基础研究和应用基础研究；加大对依托高校院所建设的重点实验室、工程研究中心、高水平创新研究院、新型研发机构等高端创新平台的专项支持力度，促进知识创造，强化源头创新。

2. 推进高校院所专业化技术转移机构建设，做好科技成果转化全流程帮扶

围绕贯彻落实科技部、教育部印发的《关于进一步推进高等学校专业化技术转移机构建设发展的实施意见》的重点任务，结合广东省的实际情况，创新方式方法，突破目前广东省高校院所技术转移服务体系的"行政管理"和"法律管理"模式，在关键节点密切对接市场和产业，强化以"市场开拓"为核心的技术转移能力建设，为科研人员提供科技成

果转化的全流程帮扶。通过财政奖补措施鼓励和支持市场化的知识产权运营服务机构与高校院所技术转移机构进行业务对接，开展对职务科技成果的专业化管理和运营，通过系统开展事先评价、培育增值、质量管理、专利布局等专业化服务，提升成果转化价值。

3. 省市联动，围绕区域重点产业建立一批科技成果中试基地

由具备相应工程技术研究开发能力及经济实力的龙头企业作为建设运营主体，支持高校院所技术转移机构合作参与基地建设，共同开展系统化、配套化和工程化的科技成果研究开发试验及人才培养工作。支持高校院所技术转移机构与地方合作，以优势学科对接地方产业需求，建立一批科技成果转化基地，加快先进技术成果转化应用，并提升地方产业关键技术和核心部件的自主配套能力。鼓励高校院所与基地内企业共建联合实验室，构建实体化的科技成果转化快速通道。鼓励地方政府通过补贴措施和优惠政策支持基地内企业对高校院所转化科技成果开放应用场景；同时从税收优惠、物业管理、科技信贷等方面加大对基地内孵化企业的支持力度。

13.3 建立面向转化的科技成果培育管理导向机制和服务体系

在 13.2 节中我们思考如何推动高校院所产出更多高价值的科技成果，本节我们分析如何避免垃圾专利、沉睡专利等低价值甚至无价值科技成果的出现。低价值科技成果产生的原因有很多，但关键点是导向偏差。一是产出导向并非瞄准产业需求，如很多科研人员申请专利仅是为了项目结题、职称评审及阶段性的奖励政策等，先天决定了其专利价值、质量等大打折扣，包括其授权以后的维护和实施都不可能积极。二是需求导向亦并非瞄准产业需求，如很多受让方购买专利也主要用于申请高新企业补贴或者申请政府科研项目，较少用于产业化，目前专利的交易是买方市场，这也反过来折射出高校院所的大部分专利技术真正能够产业化的并不多。上文我们通过案例剖析可知，催生高价值科技成果的基本路径就是实现丰富的创新资源配置和过硬的服务条件支撑，那么避免低价值科技成果产生的办法就要从管理机制和服务体系入手，扭转原有的产出和需求导向，具体建议如下。

13.3.1 建立以科技成果转化为导向的绩效评价机制

按照分类评价、注重实效的原则，重点对省级科技计划项目的立项评审、省科学技术奖的提名评审、省级各类科技人才计划的评价制度，以及省级高校院所、研究开发机构、各类创新平台的绩效评价等进行政策制度改革，同时引导高校院所在职称晋升、绩效考核、岗位聘任、项目结题、人才评价、专利管理等方面做出相应的内部制度改革，破除过度看重论文数量与影响因子、过度关注专利申请量和授权量而忽视科技成果质量与成果转化应用绩效的不良导向，提高对高质量科技成果的考核评价权重，突出创新质量和综合绩效，突出支撑服务广东省重大创新需求和经济社会发展的作用、贡献和效果。以政府主导的绩效评价机制引导高校院所建立有利于促进科技成果转化的内部管理制度，如开展支持离岗创业的权责制度系统化改革等。总体目标是激发科研人员开展科技成果转化的能动性，建立以需求为导向的科技成果转移转化机制，产出更多经得起市场检验、与产业发展紧密对接的高价值科技成果，进一步提高科技成果转移转化效率。

13.3.2　完善以市场应用为导向的科技成果评价机制

根据国家统一的指导意见和广东省的实际情况，以质量、贡献、绩效为核心，以科技成果转化应用为目标，以分类评价为基础，以"谁使用谁评价"为原则，建立以市场应用为导向的科技成果评价机制。一是建立针对评价机构、评价人员、评价标准、评价流程的地方服务标准规范。其中，评价标准可考虑按照科技成果管理类评价（用于科技成果立项筛选的前评价和科技成果评优推广的后评价）、科研管理类评价（用于科研立项、验收等的过程评价）、技术交易类评价（用于挂牌、拍卖、作价入股、融资等价值发现的评价）分类设立；支持高校院所在细分领域研究提出科技成果评价的指标体系。二是通过开展服务机构试点示范，引导科技成果评估服务市场良性、规范发展。支持示范机构建立科技成果评价信息服务平台，提供线上公开、透明、留痕的评估服务；利用大数据、人工智能等技术手段建立信息化评价工具，提升科技成果评价效率及质量；支持示范机构探索科技成果评价应用新场景，在成果筛选、交易、融资等阶段提供专业评价报告，发挥科技成果评价的增信作用；此外，政府部门开展对示范机构的年度资质认定、考核和监督，建立进入和退出机制，入选示范机构除纳入政府推荐名单外，还纳入相关奖补专项的支持范围。

13.3.3　构建全流程、专业化、精细化的管理服务体系

建议广东省高校院所通过业务委托、服务外包、共建平台等方式引入市场专业机构的服务资源，共同构建服务于本单位科技成果转化的全流程、专业化、精细化管理体系。一

是建立职务科技成果披露制度，科研人员应主动、及时向所在单位进行职务科技成果披露。单位委托科技成果评价机构对职务科技成果进行事先评价，决定是否有申请专利的价值，以降低单位管理成本，提高可供转化成果质量。二是根据实际情况，采取拆分服务外包或共建平台的方式与专业机构联合开展知识产权管理运营。可考虑服务费用与科技成果转化收益挂钩的方式，促使专业机构全面、深入开展发明评估筛选（筛选出潜在的高价值专利）、专利培育增值（指导、帮助发明人设计扩大权利要求所需的试验，提高专利质量）、专利申请（专利撰写的质量控制，尤其是商业价值的挖掘）、专利质量管理（专利技术的熟化与增值）等专业化服务。三是采用长期业务委托、服务外包等方式，与法律、商务、金融、技术交易等专业机构开展商业模式定制、技术推广、市场匹配、对接谈判、法律咨询、"招拍挂"、项目融资等业务合作，提升转化效率。四是建议单位进一步引入市场服务资源，提升单位自建或与地方共建技术转移载体（包括机构、平台、园区等）服务运营的专业化水平。五是基于职务发明人获得明确的知识产权预期，建议科研人员与单位共同支付专利申请费和维护费，从而形成倒逼机制降低发明人产出低价值专利的可能性，改善高校院所科技成果供给侧结构，提升科技成果转化效能。

13.3.4 以专业教育为根本培养技术转移人才

借鉴国外相关人才队伍培养模式和专业体系设置标准，由教育、科技等相关管理部门协调统筹，在有条件的高校开设技术转移硕士研究生专业，主要面向理工科类本科毕业生招生，系统开展金融、商务、法律、知识产权等与技术转移服务密切相关的专业教育，打造技术转移人才的"黄埔军校"，用 5~10 年的时间培养一支真正既懂技术又懂市场的高水平技术转移人才队伍。同时，支持有条件的技术转移机构全面引进国外知名技术转移机构的教育体系和资源，开展与国际接轨的技术转移人才培训，切实提升广东省现有技术转移管理服务人员的业务水平，从而形成以学历教育保人才增量、以资源引进提人才存量的生动局面。此外，技术转移人才的培养必须考虑对项目的"黏性"，内化培养是一条很好的实现路径，比如，从校内科研秘书、重点团队负责人、重点平台工作人员中发展培养技术经纪人，就可以降低外聘技术经纪人的成本，也强化了单位自身科技成果转化服务的能力。主要目标就是让一批专业化、职业化的技术转移人才投入推动高校院所科技成果转化的主战场中，真正起到鉴别成果、对接需求的作用，更多理解科技成果产业价值的人存在，就能激发更多面向产业需求的科技成果产生。

13.3.5 以专业机构建设为途径提升服务能效

建议支持广东省内高校院所设立专门的技术转移机构，采用新的管理体制机制运行，通过提供技术转移服务获得收益，可自主决定组织内合同制聘用人员的薪酬标准，通过建立有市场竞争力的薪酬体系吸引高端技术经纪人。同时，现有促进科技成果转化的政策法规仅明确要将科技成果转化的收益奖励给成果的完成人和团队，对所在单位、技术转移机构没有明确的收益分配机制，未能对所在单位和技术转移机构形成反哺。建议高校院所根据自身情况制定相应的政策措施，通过转让、许可方式获得的科技成果转化净收入在扣除对完成人的奖励后，剩余部分在学校、院系、技术转移机构等主体间按比例分配，确保技术转移机构有效运行，从而建立科技成果转化收益分配的反哺及激励机制，破解高校院所技术转移机构动力不足、人才不济、能效不高的难题。上一条建议解决的是技术转移人才的培养问题，这一条建议解决的是如何留住人才的问题，二者是紧密关联、相互促进的，良好的就业环境能吸引更多人才开展技术转移业务学习，良好的学科建设又能开拓更好的技术转移服务就业市场。

13.4 以赋权和单列管理改革的叠加效应释放科研人员与管理人员科技成果转化积极性

在 13.2 节和 13.3 节中我们主要围绕"科技成果"的有效供给提出管理机制和服务体系优化提升的相关建议，在本节中我们前置问题，围绕在科技成果供给前"人"的积极性问题开展探讨，当中最关键的群体就是高校院所的科研人员和管理人员。

13.4.1 以赋权改革解决科研人员"不愿转"的问题

大量隐性知识的无法交易及科技成果后续开发利用的不确定性和风险，使高校院所科技成果转化的交易成本过高。而权利的初始分配将直接影响资源的利用效率，权利这种稀缺性资源必须配置给最富效率及获得激励补偿价值最大的使用者，这样才能实现资源的充分、高效利用。所以，赋予科研人员职务科技成果所有权或长期使用权，就是利用产权制度将知识产品的技术性形态转化为一种法律形态并进行权属切割，以清晰的产权比例明确转化收益比例，破除科技成果转化过程中的权属障碍，调动最优的转化方式降低交易成本（如科研人员在获得科技成果所有权后会更倾向于选择作价投资转化方式获取更大的潜在收益），以此释放隐含在知识中的经济价值和能量。建议广东省高校院所积极开展赋予科研人员职务科技成果所有权或长期使用权改革，建立以知识价值为导向的激励机制，调动科研人员主体责任和转化积极性，引导科研人员紧扣市场需求进行研发，并将科技成果及时转化为经济社会价值。

13.4.2 以单列管理改革解决管理人员"不敢转"的问题

自科技成果转化"三部曲"出台以来，从国家到省市各层面相继出台了大量促进科技成果转化的政策法规，可以说目前阻碍科技成果转化的"粗绳子"不多，但"细绳子"仍大量存在，高校院所对职务科技成果的相关权益仍普遍存在"不想放、不敢放"的问题。最主要的原因就是不同部门对职务科技成果作为无形国有资产的管理不一样，使科技人员在很多科技成果转化活动中被束缚手脚。尤其是"双肩挑"的领导，既是科研人员又是管理人员，在科技成果转化推进方面有后顾之忧，担心科技成果管理与国有资产管理之间的界定不清，担心职务科技成果转化与国有资产流失界定不清而产生廉政风险，影响其参与科技成果转化的积极性。能够带来收益的资源才是资产，科技成果能否成功转化还取决于大量的人力、财力、物力的投入，完成中试，形成样品，反观市场需求之后才可能具有明显的资产属性，科技成果转化前只能是资源，实现了转化才是资产，所以"去资产化"是对转化前科技成果属性更合理的界定。建议广东省高校院所在不牟取私利、不损失单位权益的前提下，不再将高校院所职务科技成果纳入国有资产管理清单，国有资产审计、国有资产清产核资时不再包括职务科技成果。但是，必须制定切实可行的单位职务科技成果专门管理制度和监管机制，以确保单位专利技术、非专利技术等职务科技成果从单位国有资产管理体系中退出后，不会造成重大违法违纪违规风险及资产损失风险。在科技成果实现转化后，可将转化项目重新纳入国有资产管理体系，包括开展相应的价值评估等，探索形成符合科技成果转化规律的国有资产管理模式，破解国有资产管理对高校院所科技成果转化活动约束过重的难题，在赋权改革解决科研人员"不愿转"问题的基础上，进一步解决科研人员和管理人员"不敢转"的问题，拓宽突破广东省科技成果转化难点、堵点的政策改革路径，充分提升科技成果转化效能。

13.4.3　建立尽职免责机制为赋权和单列管理改革保驾护航

建议相关管理部门开展针对广东省高校院所职务科技成果转化的尽职免责认定工作，按照"三个区分开来"[①]的原则，遵循科技成果转化客观规律，给予科技成果所有权人适当的风险容忍度，围绕不可抗力因素、科技成果转化前景不确定性、估值偏差等可能出现的科技成果价值降低情况，确定尽职免责适用情形，包括免除科技成果定价责任、作价投资亏损责任、自主决定资产是否评估责任、赋权中的相关决策失误等。同时，考虑高校院所等科技成果转化单位在进行科技成果转化时主观上尽职免责，且科技成果转化收益接受审计等部门监督，因此不设定具体科技成果转化国有资产亏损容忍线，按照干部管理权限，在"被问责"时或单位认为有必要时，申请启动尽职免责认定程序，并做好结果运用。切实破解广东省高等院校、科研事业单位相关工作人员在科技成果转化过程中"不敢转""不想转"的问题，保护其敢于担当、积极履职的初心，营造改革创新、支持实干的良好氛围。

13.5　建立统一开放、高效优质的技术要素市场体系

上文我们分别从高校院所科技成果转化过程中的"前端"意识问题，"中端"管理服务问题寻找对策建议，本节我们主要从"后端"的大环境入手，提出促进广东省高校院所科技成果转化的对策建议。高校院所的科技成果转化与企业等其他主体的科技成果转化一样，都需要一个良好的科技成果转化生态环境，除针对性的政策环境外，最重要的就是需要一个统一开放、竞争有序、制度健全、高效优质的技术要素市场体系，能形成紧密相连、相互促进的"基础研究+技术攻关+成果转化+科技金融+人才支撑"全过程创新生态链。由于相关内容上文已涉及，本节重点从科技金融和区域合作两方面提出建议。

13.5.1　促进技术要素与资本要素融合发展

建议建立广东省连接技术市场与资本市场的综合服务平台，完善科技成果、知识产权

[①] 根据习近平总书记在省部级主要领导干部学习贯彻党的十八届五中全会精神专题研讨班上的讲话：三个区分开来，即把干部在推进改革中因缺乏经验、先行先试出现的失误和错误，同明知故犯的违纪违法行为区分开来；把上级尚无明确限制的探索性试验中的失误和错误，同上级明令禁止后依然我行我素的违纪违法行为区分开来；把为推动发展的无意过失，同为谋取私利的违纪违法行为区分开来。

市场化定价和交易机制，为科技成果和知识产权交易、转移转化提供"一站式"服务。完善确权、登记和公示等基础功能，优化科技成果和知识产权信息管理、检索分析，提供评估、咨询、匹配、投融资对接等一揽子生态服务，加速科技成果转化。探索省市财政出资设立天使投资母基金，引导带动社会资本参与天使投资，构建政府资本与社会资本"风险共担、利益共享"机制，调动各方参与科技创新的积极性。推动银行构建科技型企业专属授信评价模型，执行差异化授信审批机制，提升对小微和初创期科技型企业的授信力度。完善科技信贷风险准备金项目贷款损失补偿审核机制和坏账损失代偿流程，提高针对初创科技型企业贷款损失的风险分担比例和补偿金额上限，引导银行创新科技信贷产品、加大科技信贷投放力度。探索建立科技补助与科技信贷、创业投资联动机制，推进科技成果转化。进一步完善知识产权质押融资风险分担机制，完善覆盖专利、商标、地理标志等种类的知识产权质押融资扶持政策，推动专利商标混合质押。加快推进知识产权金融化改革，创新和丰富知识产权保险产品体系，有序开展知识产权证券化。

13.5.2 加强跨境科技创新合作

加强与创新型国家及"一带一路"沿线国家的科技交流合作，深入拓展基础研究国际合作。聚焦新能源、新材料、生物医疗、信息通信等领域，支持省内高校院所与境外创新主体联合在境内成立国际科技合作基地，联合企业设立境外研发机构，在"一带一路"沿线国家及发展中国家开展应用示范。省级科技计划项目向港澳高校、科研机构开放，促进粤港澳创新主体联合开展技术攻关。向港澳有序开放重大科技基础设施和大型科学仪器设备，推进广东省科研仪器设施向港澳高校、科研机构开放共享。促进生物医药等领域创新要素高效跨境流通。在广州市、深圳市推动开展科研用物资跨境有序流动改革试点。继续布局建设一批粤港澳联合实验室，鼓励港澳高校、科研机构独立或联合境内高校院所、企业在粤设立具有独立法人属性的研发型组织。

附表 A 2016 年度广东省高校院所科技成果转化基本情况数据信息表

				38家高等院校	58家科研院所	96家高校院所
科技成果转移转化情况	1. 以转让方式转化科技成果	合同项数/项	—	202	52	254
			财政资助	22	6	28
			中央财政资助	1	0	1
		合同金额/万元	—	2867.80	4700.80	7568.60
			财政资助	319.14	873.00	1192.14
			中央财政资助	2.00	0.00	2.00
		平均合同金额/万元		14.20	90.40	29.80
	2. 以许可方式转化科技成果	合同项数/项	—	99	88	187
			财政资助	4	12	16
			中央财政资助	1	0	1
		合同金额/万元	—	3076.91	6032.92	9109.83
			财政资助	123.00	472.00	595.00
			中央财政资助	20.00	0.00	20.00
		平均合同金额/万元		31.08	68.56	48.72
	3. 以作价投资方式转化科技成果	合同项数/项	—	10	13	23
			财政资助	7	3	10
			中央财政资助	0	0	0
		合同金额/万元	—	34770.77	4671.66	39442.43
			财政资助	26466.68	3150.00	29616.68
			中央财政资助	0.00	0.00	0.00
		平均合同金额/万元		3477.08	359.36	1714.89
	4. 产学研合作情况	合同项数/项		8017	14644	22661
		合同金额/万元		207996.79	80759.06	288755.85
		平均合同金额/万元		25.94	5.51	12.74

附表 A　2016 年度广东省高校院所科技成果转化基本情况数据信息表

（续表）

				38家高等院校	58家科研院所	96家高校院所
科技成果转移转化情况	以上 1、2、3 项合计	合同项数/项	—	311	153	464
			财政资助	33	21	54
			中央财政资助	2	0	2
		合同金额/万元	—	40715.48	15405.38	56120.86
			财政资助	26908.82	4495.00	31403.82
			中央财政资助	22.00	0.00	22.00
		平均合同金额/万元		130.92	100.69	120.95
	以上 1、2、3、4 项合计	合同项数/项	—	8328	14797	23125
			财政资助	33	21	54
			中央财政资助	2	0	2
		合同金额/万元	—	248712.27	96164.44	344876.71
			财政资助	26908.82	4495.00	31403.82
			中央财政资助	22.00	0.00	22.00
		平均合同金额/万元		29.86	6.50	14.91
科技成果转化收入及分配情况	1. 现金收入及奖励	科技成果转化当年取得的现金总收入/万元	—	21834.70	17947.22	39781.92
			留归单位/万元	2016.52	11680.06	13696.58
			奖励个人/万元	19818.18	6267.16	26085.34
			奖励给研发与转化主要贡献人员/万元	19798.57	5593.58	25392.15
		现金奖励人次/人次		676	2056	2732
	2. 股权收入及奖励	成果转化取得的股份数量/万股		29850.09	38	29888.09
		科技成果转化当年取得的股权金额/万元	—	33870.75	3715.56	37586.31
			留归单位/万元	12166.82	1646.16	13812.98
			奖励个人/万元	21703.93	2069.40	23773.33
			奖励给研发与转化主要贡献人员/万元	21703.93	2069.40	23773.33
		股权奖励人次/人次		10	29	39
	以上 1、2 项合计	现金、股权总额/万元	—	55705.45	21662.78	77368.23
			单位获得的现金和股权收入总额/万元	14183.34	13326.22	27509.56
			个人现金、股权奖励总额/万元	41522.11	8336.56	49858.67
			奖励给主要贡献人员的现金、股权总额/万元	41502.50	7662.98	49165.48

（续表）

			38家高等院校	58家科研院所	96家高校院所
兼职创业和创设参股新公司情况	与企业共建研发机构、转移机构、转化服务平台数量/个	—	164	45	209
		财政资助	19	4	23
		中央财政资助	2	0	2
	在外兼职从事成果转化人员和离岗创业人员数/人		213	17	230
	创设新公司和参股新公司/家		17	54	71
	自建技术转移机构数量/家		0	7	7
	专职从事科技成果转化工作人数/人		0	629	629
	与本单位合作开展科技成果转化的市场化转移机构数量/家		0	20	20
科技成果转化定价方式	协议定价	项目数/个	311	153	464
		转化金额/万元	40715.48	15405.38	56120.86
	挂牌交易	项目数/个	0	0	0
		转化金额/万元	0.00	0.00	0.00
	拍卖	项目数/个	0	0	0
		转化金额/万元	0.00	0.00	0.00
评估		项目数/个	61	48	109
		转化金额/万元	35026.49	6746.93	41773.42
科技成果转化流向	境内	中小微企业 项目数/个	240	88	328
		转化金额/万元	27979.37	5181.81	33161.18
		大型企业 项目数/个	68	53	121
		转化金额/万元	12693.11	9764.77	22457.88
		非企业单位 项目数/个	3	12	15
		转化金额/万元	43.00	458.80	501.80
	境外	项目数/个	0	0	0
		转化金额/万元	0.00	0.00	0.00
其他	科技成果转化合同金额超1亿元单位数量/家		4	2	6

备注：1. 所有项目都分为财政资助项目与非财政资助项目，财政资助项目又包含中央财政资助项目与非中央财政资助项目（如地方财政资助等）。2. 附表内的所有数值均以四舍五入方式对实际值进行计数保留，保留小数点后两位，而正文内所涉及数值在单位转换时以四舍五入方式保留两位小数，所有比率、加和的计算都以四舍五入后的数值为准，读者若以附表内数值进行相关比率计算会存在误差（以下附表同理）。

附表 B 2017 年度广东省高校院所科技成果转化基本情况数据信息表

				77家高等院校	92家科研院所	169家高校院所
科技成果转移转化情况	1.以转让方式转化科技成果	合同项数/项	—	461	126	587
			财政资助	107	29	136
			中央财政资助	40	2	42
		合同金额/万元	—	8612.69	16300.82	24913.51
			财政资助	2105.41	2298.00	4403.41
			中央财政资助	807.68	310.00	1117.68
		平均合同金额/万元		18.68	129.37	42.44
	2.以许可方式转化科技成果	合同项数/项	—	165	146	311
			财政资助	83	14	97
			中央财政资助	42	4	46
		合同金额/万元	—	9389.12	6911.87	16300.99
			财政资助	5426.00	401.40	5827.40
			中央财政资助	2650.00	126.00	2776.00
		平均合同金额/万元		56.90	47.34	52.41
	3.以作价投资方式转化科技成果	合同项数/项	—	13	23	36
			财政资助	7	11	18
			中央财政资助	1	1	2
		合同金额/万元	—	18804.89	24138.20	42943.09
			财政资助	18418.22	14704.60	33122.82
			中央财政资助	525.00	3004.60	3529.60
		平均合同金额/万元		1446.53	1049.49	1192.86
	4.产学研合作情况	合同项数/项		10429	126677	137106
		合同金额/万元		273556.87	154097.77	427654.64
		平均合同金额/万元		26.23	1.22	3.12

（续表）

				77家高等院校	92家科研院所	169家高校院所
科技成果转移转化情况	以上1、2、3项合计	合同项数/项	—	639	295	934
			财政资助	197	54	251
			中央财政资助	83	7	90
		合同金额/万元	—	36806.70	47350.89	84157.59
			财政资助	25949.63	17404.00	43353.63
			中央财政资助	3982.68	3440.60	7423.28
		平均合同金额/万元		57.60	160.51	90.10
	以上1、2、3、4项合计	合同项数/项	—	11068	126972	138040
			财政资助	204	54	258
			中央财政资助	83	7	90
		合同金额/万元	—	310363.57	201448.66	511812.23
			财政资助	26082.93	17404.00	43486.93
			中央财政资助	3982.68	3440.60	7423.28
		平均合同金额/万元		28.04	1.59	3.71
科技成果转化收入及分配情况	1. 现金收入及奖励	科技成果转化当年取得的现金总收入/万元	—	43147.01	34126.14	77273.15
			留归单位/万元	4572.28	22734.69	27306.97
			奖励个人/万元	38574.72	11391.45	49966.17
			奖励给研发与转化主要贡献人员/万元	37578.79	9529.19	47107.98
		现金奖励人次/人次		1274	2876	4150
	2. 股权收入及奖励	成果转化取得的股份数量/万股		18079	140835	158914
		科技成果转化当年取得的股权金额/万元	—	18817.92	21033.50	39851.42
			留归单位/万元	6451.62	15866.50	22318.12
			奖励个人/万元	12366.30	5167.00	17533.30
			奖励给研发与转化主要贡献人员/万元	12366.30	5092.00	17458.30
		股权奖励人次/人次		28	25	53
	以上1、2项合计	现金、股权总额/万元	—	61964.93	55159.64	117124.57
			单位获得的现金和股权收入总额/万元	11023.90	38601.19	49625.09
			个人现金、股权奖励总额/万元	50941.02	16558.45	67499.47
			奖励给主要贡献人员的现金、股权总额/万元	49945.09	14621.19	64566.28

附表B 2017年度广东省高校院所科技成果转化基本情况数据信息表

(续表)

			77家高等院校	92家科研院所	169家高校院所
兼职创业和创设参股新公司情况	与企业共建研发机构、转移机构、转化服务平台数量/个	—	372	145	517
		财政资助	68	30	98
		中央财政资助	3	4	7
	在外兼职从事成果转化人员和离岗创业人员数/人		647	249	896
	创设新公司和参股新公司/家		116	120	236
	自建技术转移机构数量/家		3	24	27
	专职从事科技成果转化工作人数/人		19	1124	1143
	与本单位合作开展科技成果转化的市场化转移机构数量/家		1	43	44
科技成果转化定价方式	协议定价	项目数/个	638	292	930
		转化金额/万元	36796.52	47173.09	83969.61
	挂牌交易	项目数/个	1	0	1
		转化金额/万元	10.18	0.00	10.18
	拍卖	项目数/个	0	3	3
		转化金额/万元	0.00	177.80	177.80
评估		项目数/个	137	98	235
		转化金额/万元	22934.78	38644.15	61578.93
科技成果转化流向	境内	中小微企业 项目数/个	478	92	570
		转化金额/万元	27897.41	15215.83	43113.24
		大型企业 项目数/个	156	151	307
		转化金额/万元	8816.87	30615.55	39432.42
		非企业单位 项目数/个	5	52	57
		转化金额/万元	92.42	1519.51	1611.93
	境外	项目数/个	0	0	0
		转化金额/万元	0.00	0.00	0.00
其他	科技成果转化合同金额超1亿元单位数量/家		4	6	10

附表C 2018年度广东省高校院所科技成果转化基本情况数据信息表

				49家高等院校	90家科研院所	139家高校院所
科技成果转移转化情况	1. 以转让方式转化科技成果	合同项数/项	—	212	187	399
			财政资助	90	32	122
			中央财政资助	46	9	55
		合同金额/万元	—	8742.06	45381.74	54123.80
			财政资助	7531.15	8645.22	16176.37
			中央财政资助	4277.07	6801.22	11078.29
		平均合同金额/万元		41.24	242.68	135.65
	2. 以许可方式转化科技成果	合同项数/项	—	102	191	293
			财政资助	28	38	66
			中央财政资助	8	9	17
		合同金额/万元	—	4887.64	3932.69	8820.33
			财政资助	2324.50	1878.55	4203.05
			中央财政资助	624.50	63.00	687.50
		平均合同金额/万元		47.92	20.59	30.10
	3. 以作价投资方式转化科技成果	合同项数/项	—	32	36	68
			财政资助	16	14	30
			中央财政资助	10	9	19
		合同金额/万元	—	23313.16	19519.08	42832.24
			财政资助	18161.35	15567.27	33728.62
			中央财政资助	16685.86	10116.67	26802.53
		平均合同金额/万元		728.54	542.20	629.89
	4. 产学研合作情况	合同项数/项		11001	21855	32856
		合同金额/万元		327909.87	184311.20	512221.07
		平均合同金额/万元		29.81	8.43	15.59

附表C 2018年度广东省高校院所科技成果转化基本情况数据信息表

（续表）

				49家高等院校	90家科研院所	139家高校院所
科技成果转移转化情况	以上1、2、3项合计	合同项数/项	—	346	414	760
			财政资助	134	84	218
			中央财政资助	64	27	91
		合同金额/万元	—	36942.86	68833.51	105776.37
			财政资助	28017.00	26091.04	54108.04
			中央财政资助	21587.43	16980.89	38568.32
		平均合同金额/万元		106.77	166.26	139.18
	以上1、2、3、4项合计	合同项数/项	—	11347	22269	33616
			财政资助	134	84	218
			中央财政资助	64	27	91
		合同金额/万元	—	364852.73	253144.71	617997.44
			财政资助	28017.00	26091.04	54108.04
			中央财政资助	21587.43	16980.89	38568.32
		平均合同金额/万元		32.15	11.37	18.38
科技成果转化收入及分配情况	1. 现金收入及奖励	科技成果转化当年取得的现金总收入/万元	—	5076.56	42233.31	47309.87
			留归单位/万元	1613.83	34913.63	36527.46
			奖励个人/万元	3462.73	7319.68	10782.41
			奖励给研发与转化主要贡献人员/万元	3313.72	6368.90	9682.62
		现金奖励人次/人次		428	4269	4697
	2. 股权收入及奖励	成果转化取得的股份数量/万股		10344	20090	30434
		科技成果转化当年取得的股权金额/万元	—	12884.00	18946.60	31830.60
			留归单位/万元	3534.50	8818.18	12352.68
			奖励个人/万元	9349.50	10128.42	19477.92
			奖励给研发与转化主要贡献人员/万元	9349.50	10128.42	19477.92
		股权奖励人次/人次		57	83	140
	以上1、2项合计	现金、股权总额/万元	—	17960.56	61179.91	79140.47
			单位获得的现金和股权收入总额/万元	5148.33	43731.81	48880.14
			个人现金、股权奖励总额/万元	12812.23	17448.10	30260.33
			奖励给主要贡献人员的现金、股权总额/万元	12663.22	16497.32	29160.54

（续表）

			49家高等院校	90家科研院所	139家高校院所
兼职创业和创设参股新公司情况	与企业共建研发机构、转移机构、转化服务平台数量/个	—	493	193	686
		财政资助	84	35	119
		中央财政资助	2	5	7
	在外兼职从事成果转化人员和离岗创业人员数/人		219	419	638
	创设新公司和参股新公司/家		82	138	220
	自建技术转移机构数量/家		28	41	69
	专职从事科技成果转化工作人数/人		214	792	1006
	与本单位合作开展科技成果转化的市场化转移机构数量/家		31	82	113
科技成果转化定价方式	协议定价	项目数/个	343	414	757
		转化金额/万元	36654.12	68833.51	105487.63
	挂牌交易	项目数/个	3	0	3
		转化金额/万元	288.74	0.00	288.74
	拍卖	项目数/个	0	0	0
		转化金额/万元	0.00	0.00	0.00
	评估	项目数/个	84	128	212
		转化金额/万元	20343.74	58580.13	78923.87
科技成果转化流向	境内	中小微企业 项目数/个	296	110	406
		转化金额/万元	25635.23	15043.11	40678.34
		大型企业 项目数/个	49	212	261
		转化金额/万元	11307.13	50260.66	61567.79
		非企业单位 项目数/个	1	80	81
		转化金额/万元	0.50	2565.04	2565.54
	境外	项目数/个	0	12	12
		转化金额/万元	0.00	964.70	964.70
其他	科技成果转化合同金额超1亿元单位数量/家		6	5	11

附表 D 2019 年度广东省高校院所科技成果转化基本情况数据信息表

			81家高等院校	109家科研院所	190家高校院所
科技成果转移转化情况	1. 以转让方式转化科技成果	合同项数/项 —	346	295	641
		合同项数/项 财政资助	93	28	121
		合同项数/项 中央财政资助	57	12	69
		合同金额/万元 —	6126.92	45129.65	51256.57
		合同金额/万元 财政资助	4005.76	5221.00	9226.76
		合同金额/万元 中央财政资助	2934.85	327.00	3261.85
		平均合同金额/万元	17.71	152.98	79.96
	2. 以许可方式转化科技成果	合同项数/项 —	190	192	382
		合同项数/项 财政资助	113	32	145
		合同项数/项 中央财政资助	39	11	50
		合同金额/万元 —	46645.56	4178.64	50824.20
		合同金额/万元 财政资助	44847.20	1128.10	45975.30
		合同金额/万元 中央财政资助	44059.60	93.50	44153.10
		平均合同金额/万元	245.50	21.76	133.05
	3. 以作价投资方式转化科技成果	合同项数/项 —	49	47	96
		合同项数/项 财政资助	15	19	34
		合同项数/项 中央财政资助	7	19	26
		合同金额/万元 —	43436.43	58711.53	102147.96
		合同金额/万元 财政资助	27430.44	49543.34	76973.78
		合同金额/万元 中央财政资助	12527.71	49543.34	62071.05
		平均合同金额/万元	886.46	1249.18	1064.04
	4. 产学研合作情况	合同项数/项	11808	113704	125512
		合同金额/万元	366862.29	258595.09	625457.38
		平均合同金额/万元	31.07	2.27	4.98

（续表）

				81家高等院校	109家科研院所	190家高校院所
科技成果转移转化情况	以上1、2、3项合计	合同项数/项	—	585	534	1119
			财政资助	221	79	300
			中央财政资助	103	42	145
		合同金额/万元	—	96208.91	108019.82	204228.73
			财政资助	76283.40	55892.44	132175.84
			中央财政资助	59522.16	49963.84	109486.00
		平均合同金额/万元		164.46	202.28	182.51
	以上1、2、3、4项合计	合同项数/项	—	12393	114238	126631
			财政资助	221	79	300
			中央财政资助	103	42	145
		合同金额/万元	—	463071.20	366614.91	829686.11
			财政资助	76283.40	55892.44	132175.84
			中央财政资助	59522.16	49963.84	109486.00
		平均合同金额/万元		37.37	3.21	6.55
科技成果转化收入及分配情况	1. 现金收入及奖励	科技成果转化当年取得的现金总收入/万元	—	7276.47	92212.04	99488.51
			留归单位/万元	2174.31	73265.87	75440.18
			奖励个人/万元	5102.16	18946.17	24048.33
			奖励给研发与转化主要贡献人员/万元	4466.86	15890.96	20357.82
		现金奖励人次/人次		673	5899	6572
	2. 股权收入及奖励	成果转化取得的股份数量/万股		41301	9375	50676
		科技成果转化当年取得的股权金额/万元	—	42410.75	6248.12	48658.87
			留归单位/万元	11401.71	2158.26	13559.97
			奖励个人/万元	31009.04	4089.86	35098.90
			奖励给研发与转化主要贡献人员/万元	31009.04	4088.24	35097.28
		股权奖励人次/人次		68	89	157
	以上1、2项合计	现金、股权总额/万元	—	49687.22	98460.16	148147.38
			单位获得的现金和股权收入总额/万元	13576.02	75424.13	89000.15
			个人现金、股权奖励总额/万元	36111.20	23036.03	59147.23
			奖励给主要贡献人员的现金、股权总额/万元	35475.90	19979.20	55455.10

附表D 2019年度广东省高校院所科技成果转化基本情况数据信息表

（续表）

			81家高等院校	109家科研院所	190家高校院所
兼职创业和创设参股新公司情况	与企业共建研发机构、转移机构、转化服务平台数量/个	—	700	421	1121
		财政资助	125	33	158
		中央财政资助	3	2	5
	在外兼职从事成果转化人员和离岗创业人员数/人		616	330	946
	创设新公司和参股新公司/家		74	264	338
	自建技术转移机构数量/家		67	61	128
	专职从事科技成果转化工作人数/家		363	992	1355
	与本单位合作开展科技成果转化的市场化转移机构数量/家		71	125	196
科技成果转化定价方式	协议定价	项目数/人	576	528	1104
		转化金额/万元	95830.88	61931.50	157762.38
	挂牌交易	项目数/个	9	6	15
		转化金额/万元	378.03	46088.32	46466.35
	拍卖	项目数/个	0	0	0
		转化金额/万元	0.00	0.00	0.00
评估		项目数/个	176	126	302
		转化金额/万元	87257.72	44315.87	131573.59
科技成果转化流向	境内	中小微企业 项目数/个	539	333	872
		转化金额/万元	95036.15	55764.05	150800.20
		大型企业 项目数/个	36	27	63
		转化金额/万元	852.12	44897.96	45750.08
		非企业单位 项目数/个	8	166	174
		转化金额/万元	311.64	6207.91	6519.55
	境外	项目数/个	2	8	10
		转化金额/万元	9	1149.90	1158.90
其他	科技成果转化合同金额超1亿元单位数量/家		6	7	13

附表 E 2020 年度广东省高校院所科技成果转化基本情况数据信息表

				90 家高等院校	138 家科研院所	228 家高校院所
科技成果转移转化情况	1. 以转让方式转化科技成果	合同项数/项	—	640	359	999
			财政资助	108	51	159
			中央财政资助	63	24	87
		合同金额/万元	—	16668.62	16006.64	32675.26
			财政资助	8679.10	5285.65	13964.75
			中央财政资助	8156.99	2309.65	10466.64
		平均合同金额/万元		26.04	44.59	32.71
	2. 以许可方式转化科技成果	合同项数/项	—	161	115	276
			财政资助	72	23	95
			中央财政资助	47	18	65
		合同金额/万元	—	26596.96	3568.45	30165.41
			财政资助	23190.24	2443.35	25633.59
			中央财政资助	22280.00	1786.50	24066.50
		平均合同金额/万元		165.20	31.03	109.29
	3. 以作价投资方式转化科技成果	合同项数/项	—	16	52	68
			财政资助	10	21	31
			中央财政资助	5	10	15
		合同金额/万元	—	16546.39	22960.17	39506.56
			财政资助	10207.59	8783.75	18991.34
			中央财政资助	5384.91	5150.00	10534.91
		平均合同金额/万元		1034.15	441.54	580.98
	4. 产学研合作情况	合同项数/项		10741	120461	131202
		合同金额/万元		354868.64	321565.15	676433.79
		平均合同金额/万元		33.04	2.67	5.16

附表 E　2020 年度广东省高校院所科技成果转化基本情况数据信息表

（续表）

				90 家高等院校	138 家科研院所	228 家高校院所
科技成果转移转化情况	以上 1、2、3 项合计	合同项数/项	—	817	526	1343
			财政资助	190	95	285
			中央财政资助	115	52	167
		合同金额/万元	—	59811.97	42535.26	102347.23
			财政资助	42076.93	16512.75	58589.68
			中央财政资助	35821.90	9246.15	45068.05
		平均合同金额/万元		73.21	80.87	76.21
	以上 1、2、3、4 项合计	合同项数/项	—	11558	120987	132545
			财政资助	190	95	285
			中央财政资助	115	52	167
		合同金额/万元	—	414680.61	364100.41	778781.02
			财政资助	42076.93	16512.75	58589.68
			中央财政资助	35821.90	9246.15	45068.05
		平均合同金额/万元		35.88	3.01	5.88
科技成果转化收入及分配情况	1. 现金收入及奖励	科技成果转化当年取得的现金总收入/万元	—	220012.24	325889.74	545901.98
			留归单位/万元	54138.20	264433.43	318571.63
			奖励个人/万元	165874.04	61456.31	227330.35
			奖励给研发与转化主要贡献人员/万元	163733.45	58304.61	222038.06
		现金奖励人次/人次		11396	7673	19069
	2. 股权收入及奖励	成果转化取得的股份数量/万股		16546	12204	28750
		科技成果转化当年取得的股权金额/万元	—	16196.03	17722.75	33918.78
			留归单位/万元	4643.66	13242.95	17886.61
			奖励个人/万元	11552.37	4479.80	16032.17
			奖励给研发与转化主要贡献人员/万元	11552.37	4479.80	16032.17
		股权奖励人次/人次		27	108	135
	以上 1、2 项合计	现金、股权总额/万元	—	236208.27	343612.49	579820.76
			单位获得的现金和股权收入总额/万元	58781.86	277676.38	336458.24
			个人现金、股权奖励总额/万元	177426.41	65936.11	243362.52
			奖励给主要贡献人员的现金、股权总额/万元	175285.82	62784.41	238070.23

（续表）

			90家高等院校	138家科研院所	228家高校院所
兼职创业和创设参股新公司情况	与企业共建研发机构、转移机构、转化服务平台数量/个	—	602	400	1002
		财政资助	104	53	157
		中央财政资助	9	12	21
	在外兼职从事成果转化人员和离岗创业人员数/人		624	426	1050
	创设新公司和参股新公司/家		183	344	527
	自建技术转移机构数量/家		58	51	109
	专职从事科技成果转化工作人数/人		401	882	1283
	与本单位合作开展科技成果转化的市场化转移机构数量/家		87	126	213
科技成果转化定价方式	协议定价	项目数/个	803	518	1321
		转化金额/万元	54821.28	39817.06	94638.34
	挂牌交易	项目数/个	14	8	22
		转化金额/万元	4990.69	2718.20	7708.89
	拍卖	项目数/个	0	0	0
		转化金额/万元	0.00	0.00	0.00
评估		项目数/个	144	59	203
		转化金额/万元	45670.41	11970.06	57640.47
科技成果转化流向	境内	中小微企业 项目数/个	764	302	1066
		转化金额/万元	54622.97	34117.41	88740.38
		大型企业 项目数/个	22	13	35
		转化金额/万元	4145.10	2456.02	6601.12
		非企业单位 项目数/个	31	210	241
		转化金额/万元	1043.90	5901.83	6945.73
	境外	项目数/个	0	1	1
		转化金额/万元	0.00	60.00	60.00
其他	科技成果转化合同金额超1亿元单位数量/家		9	9	18